Specially for Terry – a spec

LANCASHIRE LINGO LINES

Edited by

Bob Dobson

LANDY PUBLISHING
1999

ISBN 1 872895 44 1

British Library in Catalogue Publication Data
A catalogue record of this book is available from the British Library

Layout by Mike Clarke, tel: 01254 395848

Printed by Nayler the Printer Ltd., Accrington, tel: 01254 234247

Landy Publishing have also published:-

Accrington's Changing Face, edited by Frank Watson and Bob Dobson
An Accrington Mixture, edited by Bob Dobson
Accrington Observed, edited by Brian Brindle and Bob Dobson
Threads of Lancashire Life, by Winnie Bridges
Lancashire, this, that an' t' other, by Doris Snape
The Really Lancashire Book, edited by Bob Dobson
Lancashire Laugh Lines, by Kay Davenport
A Blackburn Miscellany, edited by Bob Dobson
Blackburn & Darwen a Century Ago, by Alan Duckworth
Blackburn's Shops at the Turn of the Century, by Matthew Cole
Blackburn's West End, by Matthew Cole
Rishton Remembered, by Kathleen Broderick
Blackburn in Times Gone By, compiled by Jim Halsall
A History of Pilling, by F. J. Sobee
A Lancashire Look, by Benita Moore
Sand Grown; the story of Lytham St. Annes, by Kathleen Eyre

A full list is available from:
Landy Publishing
'Acorns'
3 Staining Rise
Staining
Blackpool
FY3 0BU
Tel/Fax: 01253 895678

THE EDITOR'S PAGE

I have a mission. It is to feed the appetites of Lancashire folk who are interested in the poetry and the language, which here I call 'lingo', of the poets of Lancashire. I hope that in so doing I can arouse in others, who have not previously fed at this table, the same interest. There hasn't been published for some years an anthology of Lancashire dialect poems, so I hope that this book will fill that gap on the shelves.

The poems I have collected and presented are by poets past and present. They are 'Dobson's Choice' - my selection. I like them all and hope they will please you, the reader. I have enough material to fill another book, and hope that this won't be the last such collection I publish.

In here you'll find humour and sadness. Poets are emotional people and dialect feeds their emotions, providing words to express them.

What is dialect? Well, firstly, it isn't accent. The dictionary defines it as '*words and phrases which differ from standard English*', but to qualify as dialect, a word should, at some time in the past, have been regarded as being in standard English. Language is a living thing; it lives and it dies.

Readers should be prepared to accept that within Lancashire dialect there are many dialects. The speech of one area of our county varies from that of another. These differences in speech are part of the joy that listening to Lancashire folk talking can bring.

I have been unable to contact the holders of the copyright of some poems. If I have infringed, I apologise and ask those holders of family jewels to contact me.

My thanks are due to the poets and their representatives whose work is presented here. I also acknowlwdge the use I have made of 'The Record', the quarterly magazine of The Lancashire Authors Association, and the co-operation of its committee. Thanks also to Brian Ormerod and Les Bond of Accrington for the drawings which help beautify the pages.

Read these poems aloud to appreciate them best. Go on - get agate.

Bob Dobson

THE LANCASHIRE AUTHORS ASSOCIATION
was founded in 1909 for 'writers and lovers of Lancashire history and literature'.

Details of membership from:

Hon Sec Eric Holt, 5 Quakerfields, Westhoughton, Bolton, BL5 2BJ, tel. 01942 791390
The LAA's library is kept in Accrington Local Studies Library.

The Editor's Page 3

Fulcher Robinson *1879-1950*
Good Owd Lankisher 6

C. Allen Clarke *1863-1935*
Lancashire 6

John Fearn *1916-*
Cleggy's Cough 7

Wm. Baron *1865-1927*
Th' Owd Cobbler 8

John Holt *1846-1919*
It's Nobbut Me 8

Nicholas Freeston *1906-1978*
Paddy 9
Th'Art Lookin' Sackless 9

Margaret Greenhalgh *1904-1980*
Ready Fer Gooin 10

Randal Mundy *1862-1937*
Smookin' 10
A Lankisher Lass 11

Henry Yates *1841-1906*
A Lancashire Mon 11

Sam Fitton *1868-1923*
Eawr Sarah's Getten a Chap 12

William Fielding Hampson *?-1955*
Eaur Mary's Chap is Comin' to His Tay 13

Sam Fitton *1868-1923*
Love-Sick 14

Winnie Bridges *1929-,*
To Grandmas (And Grandads) 14

John Walker *1845-1892*
Mi Grandad 15

Ron Williams *1942-*
Ammon's Dialect Warks 16

Ammon Wrigley *1862-1936*
A Lancashire Neet 17

Lowell Dobbs *(Malcolm Campbell) 1938-*
A Gradely Sope O' Tay 18
Eawr Owd Westminster Chime 19

Clifford Heyworth *1910-*
Get That Chip Pon On, Mother 20
A Gradely Lancashire Toast 20

Mary E. Hutchinson *1885-1964*
Billy Cottam's Chip-Shop Queue 21

Michael May *1931-*
Fish, Chips, An' Peas 22
Grandma's Tom-Cat 22
Wen Amos Bradshaw Wer a Lad 23

Joan Pomfret *(Mrs. Joan Townsend) 1913-1993*
Ah'm Aside O' Thee 24
Untilled Land 24
Counthry Concert 25

Clifford Heyworth *1910-*
A Preycher's Prayer 25

William Fielding Hampson *?-1955*
Sally Brown 26
It's Grand 27
A Cup O' Tay 27

Amy Flynn *1921-*
Lancashire Hot-Pot 28
A Question O' Spooart 29
Samuel Laycock *1826-1893*
Welcome, Bonny Brid! 30
Bowton's Yard 31
Cliff Gerrard *1926-*
Dad's Medals 32
Eawr Joe's Lad 33
Jemmy's Garden 33
Lilian Harwood *1914-*
To One Beloved 34
Iris Pursell *1944-*
Mie Dad 35
Sally James *1942-*
Lonely Hearts Snub 36
Betty Lightfoot *1943-*
Harvest Brought Home 37
Richard Pomfret *1898-?*
Ower T'Tops 37
Eric Holt *1926-*
Sawt O' Th' Earth 38
Waythery World 38
T'Miner 39
Th' Owd Loner 39
Alan Dobson *1925-*
Th' Owd Spinner 40
Renée P. Blackburn *1929-*
Evenin' Service 40
When Ah Were a Lass 41
Lowell Dobbs *1938-*
Yon Briny Breeze 41
Brian Mitchell *1927-*
The Beast O' Cockey Moor 42
Urban Renewal 43
Rebirth 44
Dave Dutton *1947-*
Surreawnded Bi Flowers 44
I' Memory O' Gran 45
Josephine Iddon *1926-*
The Comedienne's Prayer 46
Decoratin' 46
John Oakley *1919-*
John-Willy Handcart 47
Mary Smith *1907-*
A Special Day At'T Seaside 48
Eaur John 49
A Day in Preston 49
Harry Craven *1907-1971*
Luv Affair 50
Tricks O' T' Trade 51
Harry Harvey *1914-1988*
Dusty Bob 52
Old Sarah 53
Jackie Hindle *South 1950-*
Weyver's Triangle, Burnley 54
Nan Duckworth *1908-*
Nobbut a Lass 54
Joe Wildman *1932-*
T'Last Shift 55
Ode To a Deein' Pit 55
Harvey Kershaw *1908-1986*
Nobbut a Cockstride Away 56
A Bonny Seet 56
Ronnie Digby *1900-1974*
Ut Schoo' Afooar T' Fost Waar 57
Owd Pendle 57
Allan Arrowsmith *1944-*
The Expert 58
Thomas Welsby *1856-1944*
A 'Gradely' Mon 58
Walter Emsley *1860-1938*
Th' Coaler 59
Nellie Crutchlow *1930-*
Recession 59
Hayes Turner *(Dave Birtwistle) 1936-*
Down Bi T' Cut 60

GOOD OWD LANKISHER

Fulcher Robinson (Oswaldtwistle)

Heear's to the ceawnty o' which we're so preawd,
Its praises we'll sing booath often an' leawd.
May we allus aspire
To raise it still higher,
Till on its fair honour ther' isn't a cleawd.

Heear's to the men that are Lankisher born,
Wode'er part o' th' globe they neaw may adorn.
May each life be a credit
To th' ceawnty that bred it,
An' of honour an' character never be shorn.

Heear's to the Lankisher women who bloom,
An' ever bring breetness i' life's darkest gloom;
May ther pleasures bi mony,
Ther griefs few, if ony,
An' ther hooams wi' their beauty for ever illume.

Heears to thoose Lankisher childer o' eawrs,
Who've browt us such trouble an' gladness for yeawrs;
May we bring um up gradely,
Reight honest an' staidly,
An' to thrain um to th' standard use o' eawr peawrs.

An' heears to the jolly owd Lankisher tung!
For ages wi' th' dialect eawr ceawnty has rung;
May it ever keep growin',
Its sweet music flowin'
Througheawt this grand shire to which we belung!

LANCASHIRE

C. Allen Clarke (Blackpool)

It's th' shire o' loom an' spindle, o' factory lad an' lass,
O' steaam an' belchin' chimleys, but wheer ther's smook ther's brass;
An' though ther' may be breeter spots, that's free fro' mill an' mine,
Ther's no jollier place i' th' Empire than this County Palatine.

We'n th' cleverest inventions that human skill e'er made.
Ther's not a corner o' this world but wheer we'n ta'n eawr trade;
An' if this world's a workshop wheer we toil for bread an' beer,
Then th' British Isles is th' engine-heause, an' Lanc'shire th' engineer!

Yet though ther's smook ther's mony a nook that has a fairy spell.
Ther's blossomed cloof an' breezy moor, wild wood an' rindle-dell;
Ther's field an' farm an' country charm an' pratty lovers' lanes,
Wheer posies spring an' brid-choirs sing the'r sweet an' cheery strains

Ther's Rossendale an' Ribble vale wheer th' silver river flows
Through mony a scene o' glorious green, and Nature's fairest shows;
Hardcastle crags an' Healey Dell, Greenfield an' Belmont moors—
In short ther's lots o' pleasant spots just at eawr very doors.

Eawr hills an' dales wi' history's tales are shuttled through an' through,
Wi' battles an' romances, an' drowl boggart marlocks too.
An' what mooar stirrin' story can Greit Britain's records show
Than that o' Lathom's lady i' siege lung years ago?

An' didn't th' fust King Jemmie near Preaud Preston once hunt deer,
An' ha' rare sport at Hoghton Tower, and knight th' fust 'Sir Loin' theer?
As he said then, so thoose say neaw 'at eawr women-folk have seen—
Ther's nowt that's so bewitchin' as eawr Lanc'shire lasses' een!

Fro' Rivington Pike to Southport, Barrowbridge to Blackpool's gleam.
Fro' Merseyside an' Pendle Hill to Wyre's tidal stream,
Fro' Clitheroe to Lancaster, Howcombe Hill to Morecambe Bay,
Ther's mony a place i' Lancashire for a gradely holiday!

Published by permission of Dennis A. Clarke, Blackpool

Cleggy's Cough

John Fearn (Chadderton)

Cleggy ud geet a reyt rackin' cough,
He wer barkin' just like a dog.
Yo could hear him traipsin' reyt up t' street
As he went to t' pub in t' fog.

"*By gow, tha's getten a church-yarder theer*"
Sed t' landlord, wipin' t' bar.
"*Aye, an' there's monny i' theer ud bi glad on it*"
Said Cleggy, suppin' his jar.

Then he gave a cough just like thunder
As his choppers flew reyt across t' room,
An' chaps all clutched at ther glasses,
As th' echo sounded like crack o' doom.

"*Some peppermints alluz good fer a cough*"
Said owd Tom "*Ah'm tellin' thee*"
"*Ah don't want owt at's good fer mi cough—*
—Ah want sumat at's good fer me"

"*An' does it keep thi wakken in t' neet?*"
He were axed — thi wanted to know.
"*Now, Ah'm geddin' used to it,*
Ah'st bi sorry t' see it go."

"*Tha' could go an' have it X-Rayed*"
Said Gummy Howarth, suppin' his beer.
"*Now, Ah don't think Ah'll bother misel*"
Said Cleggy — "*Ah know as it's theer*"

"*Ah reckon it's hereditary.*
—Mi fayther hed it afore me.
Thi reckon he coughed as thi lowered him deawn
—Perhaps t' same 'll 'appen to me."

"*Ah'm noan worried as long as Ah'm coughin'.*
Then Ah know as Ah'm still here.
It's when Ah staop as Ah'll worry,
As Ah mek mi last cough i' mi beer."

"*'Ast ever tried a powtice?*
Goosegrease, er mustard, pipin' hot?
There must bi summat in th' 'erb shop
Fer that rackin' cough as thez got."

"*Now, Ah've tried smellin' t' tar out o' t' cobbles.*
Friars Balsam, an' aw kinds o' muck,
But findin' a cure's beyond mi
—Ah reckon Ah'm reyt eawt o' luck."

"*So when Ah goo to meet mi maker,*
An' Ah cough mi way through yond gate,
Owd Peter'll shove mi in t' small o' mi back
An' say 'Cleggy, that cough's med thi late'."

Th' Owd Cobbler

Wm. Baron (Bill o' Jack's) (Rochdale)

Th' owd cobbler's well liked bi his nayburs,—
He patches an' mends aw ther shoon;
He sings th' long day throo o'er his labours,
An' allus to some merry tune.
No matter whenever yo' see him,
He's at it fro' mormin' to neet;
It fair does one good to be wi' him,
For his nature's so sunny an' breet.

He luvs to '*rive eawt*', as he co's it,
For melody flows in his veins;
Content fills his heart, an' he shows it
Bi th' gladness 'at rings throo his strains.
"*This world's nooan so bad as folks reckon,*"
Ah've mony a time yerd him say;
"*An' yo know not when Deeath's hond may beckon,*
Sooa try to mek th' best o' yor stay."

He ne'er looks ahead to seech sorrow,
For he larnt, long ere reychin' his prime,
'At most joy fro' life we con borrow
Bi livin' one day at a time.
Wi' him, as wi' th' rest o' poor mortals,
Things neaw an' then gooa a bit wrong;
But when trubble enters his portals
He chases it eawt wi' a song.

Th' owd cobbler's as blithe as a cricket—
No minit i' th' day he finds dull,
An' till th' Seythe-bearer bowls deawn his wicket,
He'll enjoy life's innings to th' full.
He cares nowt for fame's empty bubble,
No riches hes he to tek wings;
But a mon 'at con sing away trubble
Is one to be envied bi kings.

It's Nobbut Me

John Holt (Radcliffe)

One winter's neet Ah'st ne'er forget,
Eawr lads coom in fro' t' dell,
Un bein' tired went soon to bed;
Un, as Ah sit misel',
Ah yerd a jink on t' window pane,
Un quietly went to see;
But when Ah axt "*Who's jinkin' theer?*"
Say's t' chap, "*It's nobbut me.*"

"*Whos 'me'?*" says Ah, "*What dusta want?—*
Eawr foaks are aw i' bed."
"*Aw dunnot want yo'r foak ut aw*
It's thee aw want," he said.
"*What dusta want wi' me?*" says I,
"*Un who the deauce con't be?*
Just tell me who it is," says I.
Says he, "*It's nobbut me.*"

"*Ah want a sweetheart, un Ah thowt*
That tha met want one too.
So, as Ah'm goin' past, Ah co'd
To see if Ah should do.
Well, would ta like mi, dusta think?—
Ah'm sure Ah should like thee."
"*Eh, Ah durn't know who 'tis,*" says I.
Says he, "*It's nobbut me.*"

We chatted on a tidy while,
Till Ah geet on t' reet scent;
Un then Ah strode across t'house floor,
Un out o' th' dur Ah went.
Ah crept un catched him bi' th' coat laps—
'Twur dark, he could not see;
So he twisted round, and said, "*Who's that?*"
Says I, "*It's nobbut me!*"

Un money a time he come agen,
Un mony a time Ah went,
Un said, "*Who's that what's jinkin' theer?*"
Weel knowin' what it meant.
Un then Ah yerd t' same answer come
Fro' t' back o' th' apple tree:
He said, "*Ah think tha knows who 'tis—*
Thea knows it's nobbut me."

It's twenty yer or moor sin' then,
Un ups an' downs wi'n hed,
While six fine childer's blest us both,
Sin' Jim an' me wur wed;
Un mony a time Ah've known him creep
When one's bin on mi knee,
Un made mi start, un then would laugh:
"*Ha, ha—it's nobbut me!*"

Paddy

Nicholas Freeston (Clayton-le-Moors)

Fer nigh on three score years he toiled
And sweat fer cursed coal.
Yet dirt and dark hev nayther soiled
Ner dimmed his poet soul.

He's ta'en life's troubles in his stride,
—He's hed aboon his nook!—
An' findin' joy in t' countryside
He steeped in Nature's book.

He claims he isna scholarfied.
Few wor his schoolin' days.
Yet Nature's joys seeam multiplied
When Paddy sings thur praise.

An' them that yer him, an' tek heed,
Are richer fer his lay.
Ah'm gradely fain that fate decreed
That he should pass my way.

Th'Art Lookin' Sackless

Nicholas Freeston (Clayton-le-Moors)

Th'art lookin' sackless, Speckled Breast.
As sackless as con be.
Coom up! an' spooart thi mottled vest
An' pipe a toon fer me.

A theawsand songs to meawltin' time,
Ah've larned fro' Nature's book.
An' Ah would sing thi praise in rhyme,
So up! an' do thi nook.

Tha doesna budge, tha doesna muff,
Ah conna cooax thi lay!
It seeams th'art really feelin' rough
An' willna sing to-day.

Just 'ark at Johnnie Yella-bill,
He flings his joy o'er t' fowd.
Ah'll gam his ev'ry silver trill
Is worth a sack o' gowd.

An' yet, if Ah'd a voice like thine,
Ah wouldna sulk like thee.
Ah'd up! an' sing a song so fine
'Twould win a world fer me.

Ready Fer Gooin

Margaret Greenhalgh (Leyland)

When Liza Binks tuk to 'er bed
One cowd wet day i' t' spring,
Oo sed "*Ah's soon be on me way,*
An' 'ark'nin th' angels sing.
Tha'll nod ferget to watter t' plants,
Especially t' pelargonium—
Ah daht iv Ah could play an 'arp,
Though Ah did used t' play th' 'armonium!"

"*Nay, nay, tha musn'd talk like that,*"
Sed Sam, "*tha'll soon be reet,*
Yon pills an' t' physic t' doctor browt
'Ull pud thi on thi feet."
Bud still poor Liza rantered on…
"*Ah do feel gradely bad,*
Bud wod upsets me mooar than owt
Is leavin' thee, owd lad.
An' iv tha should ged wed ageean—
Tha could do, Ah suppooase,
There's one thing that mun promise ma—
Durn'd led 'er weear me clooase.
Ah'me nod a jealous sooart, tha knows,
Bud that would mek ma bitter…"

"*Ah'd never do that, lass,*" sez Sam,
"*Bud then, thi wouldn't fit 'er!*"

Published by permission of Mrs. Loughlin.

Smookin'

Randal Mundy (Ashton-under-Lyne)

When talkin' o' smookin', owd smooker grow'n warm,
I' proovin' 'at th' habit does nob'dy no harm;
It's soothin' to t' nerves an' gi'es comfort, they sen,
Then sattl'n i' t' cheer, fillin' t' pipe up again;
They conno stond argyment, nowe! not a bit,
An' jeerin' at scorners, in t' feighr they'll spit;
Yet, truly, aw smookers are low an' debased,
An' wantin' i' wit for t' acquire sich a taste.

What is ther' i' bacca, when aw's said an' done,
For the mek a foo' pleeast i' watchin' it brun?
An' why should a mon ever reych sich a plight
'At puffin' eawt smook gi'es him t' keenest delight?
Th' excuses made for it are nobber pretence,
But smookers, we know'n, are wantin' i' sense.

They co'en theirsel's "lords o' creation", wi' pride,
Yet practis'n th' habit a brute 'ud deride;
They'd laugh at an elephant axin for t' smook,
An' would at theirsel's, if they'd tek a good look.
Besides, their good money' just wasted away—
What brass they could save if they'd nobbut smook hay!

But nowe! they mun squander it aw o' this weed,
An' t' thrifty advice, 'at yo' gi'en, dunnot heed.
Eh, 'bacca, the'rt worshippt like th' idols of owd;
The'rt treasur't an' thowt on as if tha were gowd.
Bur, if we coom t' weigh up aw t' good 'at tha's done,
Ah'm feeart 'at thi bad peighnts 'ud sooner be fun'.
Tha lives on a name, but if deeper we'd seech
Thi fine reputation 'ud vanish i' reech.

Theh's nobby one good peighnt 'at Ah'm able t' spy,
An' that is—theh rids us o' t' plague o' green-fly.
So hark'n, yo' good folk, 'at's wise i' yo'r day,
Tel warnin', an never to smookin' gi'e way!
Th' advice 'at Ah'm givin' 'ull prove yo'r defence,
An' save both yo'r pocket an' t' name o' good sense.
An' neaw, after t' homily, t' time's gett'n ripe
For soothin' mi temper, so–reych me mi pipe!

A LANKISHER LASS

Randal Mundy (Ashton-under-Lyne)

Ah've travell't a lot abeawt t' world i' mi time,
An' lots o' young women Ah've seen i' their prime,
But still Ah believe 'at there's none con surpass
That farrantly wench cawd a Lankisher lass.

Hoo's honest an' opp'n an' streight as a die,
Hoo's allus hard-warkin' an' ma'es her wark fly;
Hoo'll teckle a job 'at another 'ud shun,
An' stick like a leech till it's finished an' done.

Hoo's full o' good humour an' rarely put-eawt,
An' seldom her meawth con be seen in a peawt;
Good-tempert hoo keeps even when hoo's sore tried,
For t' lesson's bin larnt her for t' grin an' abide.

Hoo's t' pluck of a lion an' faces her foe
Wi' calm in her e'en an' her back again t' wo';
Hoo's firm i' decisions, stonds up for her reets,
An' bravely withstonds aw t' misfortins hoo meets.

Hoo's wise as an owl an' con see far a-yead,
For t' wiles of a skeeamer hoo hasn't a dread;
Hoo stands her own corner an' feights for hersel',
An' t' sperrit hoo's gett'n no trouble con quell.

Hoo's good at contrivin', ma'es little for t' do,
Hoo's careful an' thrifty an' jannock aw throo;
Hoo's cleean an' natty, a comfort in life,
A lass 'at'll mek one a gradely good wife.

Hoo's kind in her nature, wi' soul in her e'en,
No trick will hoo play oather shabby or mean;
Hoo's helpful to th' aillin', to t' poor gi'es relief,
An' cheers up t' deawnhearted, consolin' their grief.

Hoo's com'ly an' whoamly an' breet as a bell,
Bur o' her good peighnts Ah'm noan able for t' tell;
A Lankisher lass shows no feature 'at's bad;
Hoo's nobbut one drawbeck,—hoo isn't a lad!

A LANCASHIRE MON

Henry Yates (Blackburn)

Ah wer bred amung th' hills, but Ah'm Lanky,
Ther's no hauf an' hauf abeawt me;
It's deawn i' mi gronny's owd Bible—
Booath sides of a long pedigree;
Ah've no need to simper an' sidle,
Nor finnicky airs to put on;
Ah belong to th' owd Palatine Ceawnty—
Ah'm a steytforrad, Lancashire mon!

Ah con croodle a tune they wer singin'
When watchfires were blazin' on th' hills,
When t' Ceawnty men buckled ther belts on,
An' dames wore ther curls an' ther frills;
Ah've a kistful o' heirlooms i' th' kitchen;
An' Ah've plushes o' aw maks to don;
Ah'm conceited to think 'at Ah'm English,
But Ah'm preawd Ah'm a Lancashire mon!

Ah've a bak'stooane, a brack-breyd, an' thible;
Ah've a breydflake for oatcakes an' aw;
Ther's mi deetin' brush, too, an' mi drier,
An' a warmin' pon hung upo' th' wa';
Ther's mi loom-stocks an' aw, up i' th' corner,
As Ah'll keep till Ah dee, if Ah con,
For they're nicer than t' new-fangled fashion,
To an owd-fashioned, Lancashire mon!

We play nooan if owt's to be mended:
We're i' t' vanguard if owt's to be won;
We parcel aw t' werk eawt for t' nations,
Ere t' world wakkens up to wod's done.
There may be a shire 'at is broader,
But ther's nobbut one Ceawnty—just one,
'At t' King is a Duke on—that's Lanky,
An' ther's nowt licks a Lancashire mon!

Eawr Sarah's Getten A Chap

Sam Fitton (Shaw)

Eh dear: There's bin some changes in
Eawr heause this week or two;
Wheer once there used to be a din
It's like a Sunday Schoo';
We never feight for apple pie,
We very seldom frap;
An' what d'ye think's the reason why?
Eawr Sarah's getten a chap.

Eawr fender shines just like a bell,
We'n had it silvered o'er;
An' th' cat appears to wesh itsel
Moor often than before;
Eawr little Nathan's wiped his nose,
Eawr Jimmy's brushed his cap;
An' aw this fuss is just becose
Eawr Sarah's getten a chap.

He's one o' thoose young 'nutty' men,
They sen he's brass an' aw.
My mother's apron's allus clen,
For fear he gives a caw;
We'n polished up th' dur knocker, too;
We'r swanky yo' con tell;
Bur Sarah says it winno do,
We'st ha' to have a bell.

We bowt a carpet t' other neet,
To wear it seems a sin;
My feyther has to wipe his feet
Before he dar' come in;
He never seems a-whoam someheaw,
He says he's noan on th' map;
He allus wears a collar neaw
Eawr Sarah's getten a chap.

We'n serviettes neaw when we dine;
A brand new bib for Ben;
Eawr Fanny's started talkin' fine,
Wi' lumps in neaw an' then,

Sin' Sarah geet her fancy beau
Hoo fairly cocks her chin;
Hoo has a bottom drawer an' aw
To keep her nick-nacks in.

Hoo's wantin' this, an' wantin' that,
Hoo thinks we're made o' brass;
Hoo goes to th' factory in her hat,
Hoo says ut it's moar class;
Hoo's bucked my feyther up shuzheaw,
He darno' wear a cap;
He gets his bacco chepper neaw
Eawr Sarah's getten a chap.

He comes o' courtin' every neet,
He fills eawr cat wi' dread;
He's sky-blue gaiters on his feet,
An' hair-oil on his yed;
He likes to swank abeawt an' strut
An talk abeawt his 'biz';
He's 'summat in an office', but
I don't know what it is!

His socks are crimson lined wi' blue,
I weesh he'd do a guy;
I weesh he'd pop the question, too,
Or pop his yallow tie.
My feyther darno' raise a row,
An' th' childer darno' scrap;
We feel to live i' lodgins neaw
Eawr Sarah's getten a chap.

He's put eawr household in a whirl,
He's such a howlin' swell;
I weesh he'd find another girl,
Or goo an' loose hissel;
Eawr parrot's gone an' cocked its toes,
Eawr roosters conno' flap;
We'er gooin daft an aw becose
Eawr Sarah' getten a chap.

Eaur Mary's Chap is Comin' to His Tay

William Fielding Hampson (Bolton)

By gum Ah never seed sich wark,
Mi yed it's spinnin' reawnd—
Ah dunnot think Ah'm gradely reet,
Ah'm feelin' nowt a peawnd;
Ah've never had a minute's peace
In aw this blessed day,
An' aw becose eaur Mary's chap
Is comin' to his tay.

They're cleonin' things an' polishin',
An' t' vackum's gooin' too;
They're changin' t' pickthers on to th' waw
To mak' em look like new.
An' owt 'at's showin' shabby like
They're puttin' eaut o' th' way,
An' aw becose eaur Mary's chap
Is comin' to his tay.

They're makin' jelly an' blomonge—
An' fancy cakes an' aw.
Yo'd think it were a tayparty
Or else a Lord Mayor's show.
They'n borrowed knives an' forks an' spoons,
An' a gramaphone to play,
An' aw becose eaur Mary's chap
Is comin' to his tay.

They'n towd me not to talk so broad,
Nor oppen mi meawth so wide—
To just say '*please*' an' '*thank you*',
An' little else beside.
Ah shannot ha' to smook mi twist,
Or use mi owd black clay,
An' aw becose eaur Mary's chap
Is comin' to his tay.

Ah'se ha' to ha' mi jacket on,
A collar, too, Ah'll bet;
Ah'se ha' to mind mi P's an' Q's,
An' wear a sarvyette.
If Ah blow mi tay to cool it
There'll bi the dule to pay,
An' aw becose eaur Mary's chap
Is comin' to his tay.

They talk abeaut a day o' rest,
As Sundy owt to be,
They'n kept mi gooin' aw day lung—
There's bin no rest for me;
Mi knees are feelin' shaky, an'
Mi yure it's turnin' grey,
An' aw becose eaur Mary's chap
Is comin' to his tay.

Eawr Mary an' her chap in t' back yard t' other Sundi.

LOVE-SICK

Sam Fitton (Shaw)

"Eh, mother, I'm bothered! I'm gloomy! I'm glad!
I don't know whatever to do:
My heart's in a flutter, an' aw through a lad
Who swears he'll ever be true.
I've smiled at him lovin'ly; looked at him feaw,
But th' lad winno' let me alone,
He's awlus bin chatty an' chummy, an' neaw
He's wantin' me aw for his own."

"Of course, I could tell him it's off, but I deawt
He'd find it a terrible blow;
He's towd me he loves me, he's walked me abeawt,
An', mother, he's kissed me an' aw.
I'st blubber an' stut when I meet him, an' then
He'll think me a bit of a foo':
I conno' say 'nawe' when he axes again,
For, mother, I'm fond of him, too."

"I'm proud as a queen as he walks bi mi side;
I think of him when at mi wark;
One day I'm so dumpy I connot abide,
An' th' next I'm as blithe as a lark.
Eh, mother, he's bonny; so gentle an' kind;
He seems to be honest an' true:
I think I'm i' love, but they sen love is blind,
So, mother, oh! what con I do?"

"Well, well!" said her mother, *"tha's getten it bad;*
Tha likes him a lot, I con tell:
I courted thi feyther when he wer' a lad,
I've bin a bit crazy misel'.
Tha'rt owd enough neaw to be shappin' thi ways,
Tha's wisdom o' twenty, bi th' mass!
Well, then, if tha thinks tha con better thi days,
Say 'aye', an' be handy, my lass!"

TO GRANDMAS (AND GRANDADS)

Winnie Bridges (Great Harwood)

Eeh, it's grand to be a Grandma (or a Grandad, come to that),
'Cause little childer never mind if yo' be thin or fat.
They luv yo' just fer bein' theer an allus 'evin time
To tell a tale o' t' days gone by, or sing a nursery rhyme.
An' then o' coorse thur's t' bonus o' joinin' in aw t' fun,
Snawbaw feyts an' conkers an' playin' aht in t' sun.
Tha con 'ev a do on t' rahndabaht, enjoy thisel' on t' swings,
An' slar dahn th' elther skelther — wey, thur's no end o' things
As tha con do all o'er agean baht causin' onny flurry,
While they 'es a second child'ood baht a moment's worry.
Ay, an' walkin' aht in t' countryside 'es never bin as grand,
Fer tha' sees id aw through t' childers een as they 'owd onto thi 'and,
An' trees an' th' hills seem bigger an' greener than thi wur
When last tha walked through t' countryside—an' id doesn't seem as fa
Fer when thy're wi' t' grandchilder as thinks that tho're t' bees' knees
An' thinks that tha knaws everything, it puts thi mind at ease
To knaw that tha're still needed an' still a special part
O' fam'ly life wi' t' childer as keeps thi young at 'eart.
An' when at th' end o' t' day they've gone back whoam to Mam an' Dac
Tha con sit in t' cheer an' think abaht th' appy time tha's 'ad.
Sum say it's no fun geddin' owd, but thur talkin' through thur 'at,
'Cause it's grand to be a Grandma (or a Grandad, coom to that).

Mi grandad

John Walker (Blackburn)

Ah allus wur fond o' mi grandad,
'Cause Ah know he'd a likin' for me;
He're a rare owd chap, an' as kindly
As ever a body could be.
Aw th' childer i' th' fowd gether'd reawnd him,
When they see him come whooam fro' up t' street;
For they knew ther wur apples an' toffy,
Or summat as nice an' as sweet.

He wove o' th' handlooms for a livin',
An' Ah mind it wur joyful to me,
Ov a long winter's neet to be wi' him
As he keawerd upo' th' owd sittin'-tree;
For he sung o'er his work like a good 'un,
Towd tales, an' med aw sooarts o' fun;
An'—wod Ah thowt stunnin' i' them days—
Ah ne'er went to bed till he'd done.

He looked weel i' clogs, did my grandad,
As he swung 'em so steady an' slow;
He stood up as streight as a May-pow,
For he'd once been a sowjer, yo'know.
But, eh! if yo'd sin him o' th' Sunday,
Blue cooat, knee breeches, an' shoon,
He'd so mitch o' th' angel abeawt him,
One feared he'd be leoin' us soon.

He kept tooathry hens, for a hobby,
An' sometimes he'd chickens an' aw;
He spent every bit of his spare time
I' feedin' an' watchin' 'em grow.
At times t' lads run after his powtry,
An' then he geet mad as could be;
He'd swear wod he'd do if he catcht 'em;
But he never catcht one, nod he.

If ever Ah geet into lumber,
Or tooar my things in my play,
An' id favvor'd mi geddin' a thrashin',
He allus wur ready to say
A soft word or two to mi fayther,
An' at t' finish ov aw he'd say — "*Well,
Lads will be lads, an' tha knows id —
Tha wur once a young monkey thysel.*"

Th' owd chap worked to th' day ov his deein',
An' aw t' neet, though he sed it wur cowd,
He wouldn't admit he wur poorly,
Or own to his havin' grown owd.
So he just pass'd away like a shadow
As goes eawt wi' th' settin' o' th' sun;
His last piece wer finisht so quately
Yo' couldn't say when it wur done.

God bless his owd face! for Ah loved him,
An' Ah wish Ah could meet wi' him soon;
Ah'd willingly journey where he is,
For Ah know Ah should find him aboon;
Ah allus wur fond o' my grandad,
'Cause Ah know he'd a likin' for me,
He're a rare owd chap, an' as kindly
As ever a body could be.

AMMON'S DIALECT WARKS

(Ron Williams, Greenfield, Saddleworth)

Thirs noan monny foak ut Ah've weeshed Ah could meet,
Yet wun springs toh mind ut Ah cannot forgeet,
'E's a portion o' 'istory areawnd aw theese parts,
Un 'is mem'ry is revered i' Saddleworth 'earts.

Ah con oppen 'is books un taste sweet mooerland air,
Ah con pictur t' ling, un th' heawnds chasin' th' hare,
Ah con feel t' wynt blowin', as Ah read thro' 'is rhymes,
Un taste meyt broth un dumplin's fro' quaint ancient times.

Mi own favvrit warks o' this moast talented chap
Ur 'is verses i' t' dialect, ut Ah'm bown toh recap,
Who wouldnah a smiledt ut 'Donty's Supperin' Do',
When a dug provided t' meyt fer a breawn hare stew?

Wi beef un hunters puddin', un a brandy dip un aw,
I'side 'Owd Puddles Aleheawse' Ah feel as Ah know,
Un on a 'Lancashire Neet', when t' sun allus shone
Wine thickenedt t' loaches ut wer simmerin' i' t' pon.

'E towd o' 'Nan o' Ratchers' ut med sich a yeawlin' din
Tellin' t' berrin' foak ut it wert feawest corpse hoo'd sin,
Un thir connot bi a suppin' chap i' onny part o' t' dale,
Ut wunnot gi'e a ransom fer a quarrt o' 'Friezlond Ale'.

Who could forgeet 'The Homestead', ut 'e vividly recaw's
When aw uts left a-stondin' is its fooer owd crumblin' wa's,
Un what a depth o' feelin' theau con sense i' such a bloke
Ut con write a touchin' story abeawt a deein' owd 'Doomed Oak'.

I' 'Grenfilt' 'e writes o' cinder tay un reckons it wert tops,
Un if 'e lived o' th' Alphin mooer, 'e'd bi brewin' malt un hops.
Un wer 'e bein' a Republican, sealin' t' bound'ries wi barbed wire
When 'e wrote thoose passionate verses o' t' poem 'Saddleworthshire'.

A modest mon, wi modest means, but nivver a dhrunken sot,
'E described t' foak ut hondled im, when 'e wer un 'Alehouse Pot'.
Then back toh harsh reality, i' deep feelin' carin' mood,
'E tells o' 'Mat o' Jamies' whose mother clemmed fert wannt o' food.

Theau con taste th' oppen countryside i' op 'Densher Way',
Un on t' 'Scoutyed Road' 'e beckons thi toh stay,
Un theau con feel th' excitement mountin' as theau reads a 'Huntin' Mo
Fer Ammon ne'er wer 'appier nor when 'e folleredt t' horn.

Yet when Ah read Ammons books, which Ah virry offen do,
Ah allus spare a thowt fer Emily, un 'er three childer too,
Fer when th' outdooers cawed 'im, Ammon left 'em aw behind,
Could an 'appily married mon bi soh selfish un unkind?

But noh mortal mon is perfect (un leaost ov aw, that's me)
Un it twer 'is oney failin' ut Ah con ivver see,
Un Ah do appreciate th' fact, ut 'e'd ned toh bi aloan,
Fer thirs nowt suits poets betther, nur bein' o' thir own.

So thank thee, Emily Wrigley, fer allowin' Ammon t' time
Toh record 'is warks un journeys, I' gradely Saddleworth rhyme,
Oh favvrit son o' t' parishes, Ah'd a fain toh bi thi friend,
Theau's bin mi inspiration - un theau will bi reight toh th' end.

Un wunce mi life is ovver, un Ah'm faced wi t' Reckonin' Day,
If Ah con evade Owd Nick's clutches, then Lourd Ah humbly pray,
Tek mi toh Thy Heavenly Mansion, un theer let mi finally meet,
Ammon Wrigley, t' bard o' Saddleworth, yon mon wi'st ne'er forgee

A LANCASHIRE NEET

Ammon Wrigley (Saddleworth)

A Lancashire neet is the king o' neets,An' there's nowt i' this world as hearty an' kind,
For it's full o' good songs an' merry owd tales
That con leeten the heart an' sweeten the mind.
Nur it isn't aw swagger an' beauncin' an' sham,
It's a gradely owd-fashioned faytherly treat,
An' it never is dark, it's summer year reaund,
For the sun awlus shines on a Lancashire neet!

A Lancashire neet's like a bowl o' good broth
That's thickened wi' loaches an' mellowed wi' wine,
An' that is the stuff to the ends of the earth
That macks Lancashire foak aw sparkle an' shine!
Their necks are as red as a feightin' cocks com',
Their faces like butter are bonnie an' breet,
An' they wouldn't care if the dayleet ne'er coom,
If they could live their time in a Lancashire neet.

There's neets wi' Shakespeare an' wi' Bobbie Burns, too,
But to me they savver like wayter fro' th' pump;
Ah'd rayther yer Ned tell his Bessom Ben tales,
An' Ab o' th' Yate tell o'er Boggart o' th' Stump.
Ah care not for theatres nur operas an' sich,
Where th' fine women gawp an' try to look sweet,
Ah'd rayther yer Mally o' Jamie o' Ben's
Sing '*Dumplin's i' th' Pon*' on a Lancashire neet!

There's St. Paul's i' London wi' pigeons o' th' top,
An' a grand Heause o' Lords wi marble o' th' floors,
But they aren't as nice as owd Pendle Hill side,
Nur as sweet as the wind up o' Lancashire moors.
Yo' may tramp fro' Land's End to owd John o' Groat's,
An' wear off the leather yo' have o' yo'r feet,
But you'll ha' a waste gate if yo' e'er try to find
Owt that's as good as a Lancashire neet.

Then bring eawt th' owd fiddle an' tune up agen,
An' let's sing the songs that nob'dy con lick,
For there's no better physic nur Lancashire songs
For keepin' foak hearty an' merry an' wick!
This life is a song, an' we'll sing while we live,
An' then go to Heaven like foak that do reet,
An' if it's a gradely good Heaven wi'st find
Lots o' foak there havin' a Lancashire neet!

Published by permission of Mrs. Ruth Greenwood and Mrs. Christine Seville (Oldham),

Ammon Wrigley, 'The Shakespeare of the Moors', at work o'er his books an' pappers.

A Gradely Sope O' Tay

Lowell Dobbs (Failsworth)

When life—it seems—is nobbut Hell,
An' throubles cloud yor day,
Just ceawer thi deawn, an' trayt yorsel'
To a gradely sope o' tay.
A sope o' tay's a poor mon's wine,
It helps him to endure;
An' it's just like suppin' sunshine
To folk ut's trudgin' poor.

Tay cheers the powfagged fit to skrike,
It fettles folk ut's warkin';
It's physic to yung an' owd alike,
It's topper for swillin' parkin.
It's gradely wi' traycle-brandy too,
Yo're reet wi' tothri sups;
An' even royalty favvours a brew
If sarved in china cups.

Theer's folk ut favvour pots of ale,
Whisky, wine an' pop;
But if yo' want cheer ut's wholesale
A sope o' tay cooms top.
An' t' lads an' lasses, when they rest
Ut noon, from mowin' hay,
They allus han their labours blessed
Wi' a gradely sope o' tay.

Some sen it mak's clever clogs fauser,
Spreawts yure upon thi creawn,
There's folk ut sip it fro' t' saucer,
Some fairly golch it deawn;
But sup or sip—when folk despond
Upon Life's stormy say,
Most agree theer's nowt so grond
As a gradely sope o' tay.

Some claim it cures awmak's of ills,
If brewed from moorland sthreams;
Some sen it caps a docthur's pills,
An' giz thi gradely dhreams;
It con even soothe a childer's hiccup,
An' tooth-warch loath to bate,
An' it's reet fer patchin' lovers up
Ut fratchin's set agate.

Tay's supped in every walk o' life
Becose o' t' joy it brings;
An' cose it eases ill an' sthrife
From warty folk to kings;
So, when yo're eawt o' flunter, like,
An' throubles cloud yor day,
Think-on—instead o' booze—to pike
A gradely sope o' tay!

Eawr Owd Westminster Chime

Lowell Dobbs (Failsworth)

We'n getten a clock on th' mantlepiece,
An owd Westminster chime–
It dunno' look mich, but bi-the-mass,
No clock keeps betther time.
Mi fayther bowt it fer me an' Joe,
A weddin' gift, it wer;
An' it's ticked oway in eawr heawse
Fer nigh-on forty yer.

Aw'll noan fergeet mi fayther's words:
"*A clock's a friend*", he sed;
"*An' like a clock, yo' mun tick on*
When throuble rears it's yed;"
"*An' it's like a lass*", he sed to Joe,
"*So dunno' be a foo,*
Dunno' overwind it, treat it reet,
Or else it winno' goo!"

Of course, eawr Joe's a gradely mon,
The kindest mon yo'd meet;
An' like eawr owd Westminster chime:
His voice is allus sweet;
An' th' childer an' me ud jump fer joy
When th' clock wer sthrikin' nine;
'Cose that's when Joe coome smilin' whoam,
Black as soot from th' mine.

He'd bath i' th' tub, buss the childer,
Then lap 'em up in bed;
Then he'd ceawer to a pon o' stew,
An' tothri shrives o' bread;
Then we'd hutch together like doves
I' th' cosy chimbley-nook,
An' whol Ah fettled the childer's clooas,
Eawr Joe enjeighed a smooke.

Th' owd clock's sin some happy times
Sin Joe an' me wer wed;
The best wer when eawr Joe had wark,
Fer t' keep us gradely fed;
But though it's sin some marlocks,
An' yeps o' joy as well,
It's sin some things so verra sad
It breaks mi heart to tell.

It seed eawr little Jack in tears
When Joe lay ill in bed;
Beggin' th' angels to spare his dad;
"*Aw'll be a good lad*", he sed;
But it worn't Joe ut th' angels took,
'Twer jack hissel', pooer lad;
We cud nobbut watch him clem an' dee
When times wer verra bad.

But things improved, an' Joe an' me,
We'n never bin so glad;
Fer eawr dowter Surah's just bin wed
To Billy Grimshaw's lad;
An' theer on th' table, amung the gifts,
Still keepin' gradely time–
Wer the gift eawr Surah threasured best:
Eawr owd Westminster chime!

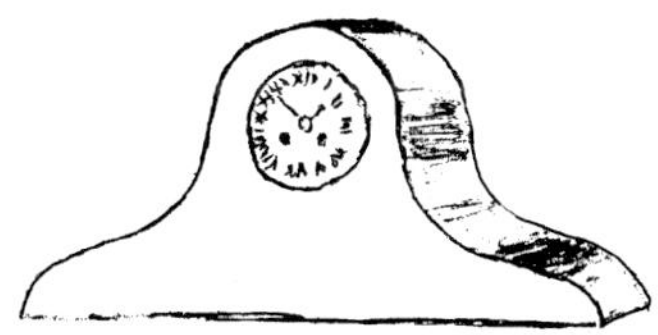

GET THAT CHIP PON ON, MOTHER

Clifford Heyworth (Bill o' Bows) (Bacup)

'Get that chip pon on, mother,
Get it gooin' lass,
For t' war wain't last much longer,
An' time ull quickly pass;
Ah've never had a daycent meal,
For many months ut's gone,
So get that chip pon gooin',
Aye, mother, get it on.'

'Get that chip pon on, mother,
Mi appetite's still good.
Though t' grub Ah'm gettin' here today
Fair tastes o' sand an' mud;
But then, that's war-time doin's,
An' no complaints Ah've fon,
So get that chip pon gooin',
Aye, mother, get it on'.

Get that chip pon on, mother,
We'll have a gradely feed,
For wi' a bally sich as mine–
It's fish an' chips Ah need;
Ne'er mind yo'r fancy saveries,
Just leave them for th'owd mon.
So get that chip pon gooin',
Aye, mother, get it on'.

'Get that chip pon on, mother,
Ah shorn't ha' long to stay,
But while Ah'm in yo'r company
Ah'd like a daycent tay;
Ah's ha' to make some visits,
See Molly an' eawr John,
But, first, get chip pon gooin',
Aye, mother, get it on'.

'Get that chip pon on, mother,
Ther's no'by cooks like thee,
For t' King ull noan dine better,
As far as Ah con see;
Ah'm daily lookin' forrad,
To scallops eawt ut pon,
So get that chip pon gooin',
Aye, mother, get it on'.

'Get that chip pon on, mother,
On sich Ah'd like to dine,
If fats tha has noan extra,
Well, then, Ah shonnot pine;
For Ah'll be weel contented,
To see thee an' th'owd mon,
But mother, make an effort,
Do get that chip pon on!'

A GRADELY LANCASHIRE TOAST

Clifford Heyworth (Bill o' Bows) (Bacup)

"Gradely good health
To thee an' to thine.
Gradely good health
Fro' me an' fro' mine:
Gradely good health
On land or on sea,
Gradely good health
Wheerever yo' be;
Gradely good health
What moore con Ah say?
'Cept gradely good health
In a reyt gradely way."

Billy Cottam's Chip-Shop Queue

Mary E. Hutchinson (Stacksteads)

When t' whissle's gooan fer hofe-past-five
Wi' factory fooak, streets seem alive;
Some hurry whoam t' get ther tay,
Some call at t' Chip-Shop on ther way.
But them as live a mile er two,
They run to get a place in t' queue,
T' get a seat on t' bus, they push
Past them 'at's stood in t' Chip-Shop crush

At Billy Cottam's Chip-Shop dooer,
Ther's creawds o' kids on t' sanded flooer;
Waiting ther' turn 'till t' chips 'er ready,
Ther's Alf un' Mable, Joan un' Freddy.
All owdin' kits, pint-pots, un' bowls,
A toorthry coppers, un' e'en like owls;
G;arin' ut Billy stirrin' t' pon,
Un' laikin' wi t' salt un' aliker yon.

If Alice Ann – Bill's wife – wer' theer,
They darsent lark wi th' aliker;
When they'd bin sarved, hoo'd say' un' freawn,
"*Neaw thad u'll do: put bottle deawn!*"
But Billy's on his own today,
Hoo's gooan on t' picnic: so they say;
By Gum! He'll ha' t' look alive
Naow t' whissle's gooan fer hofe-past five.

Ther'll be a rush fer Billy's shop,
Fer that's the place wer t' busses stop;
Un' while Ah wait fer my bus, too,
Ah'll tell yo' who's in t' Chip-shop queue.
Yon's Abram Halstead nearest dooer,
He works in t' coyl-pit o'er on t' mooer;
Un' calls ut Chip-shop fer his tay,
Then trails his clogs up Goodshay way.

Yon's Martha Ann ut back o' him,
Hoo's gettin' on, un' noan s' slim;
Hoo likes black-puddings–when ther' new,
Wi' musthard on—weel plaistered too.
That's Janie Baron lookin' vext,
Un' tellin' 'um, it's her turn next;
Hoo allus orders, "*pie un peys*",
Ses! "*Feesh is allus cowd us keys*."

There's Alfie yon kailin' his turn,
If he's foun' eawt, his yers 'ull burn;
He's afther pikin' past a few,
He corned abide t' stan' in t' queue.
That's Katie Jones, wi t' big breawn deesh—
Hoo werned be wantin' chips un' feesh;
Ther's nine er ten ut ther' heawse-too,
Hoo'll want some beeans t' feed yon crew.

That's Mrs. Lowe, wi t' paisley shawl;
Aye dear! hoo's let her pie-deesh fall;
Un' that's her aunt—fro' Pikelow Place,
Hoo's hampered—wi' yon gas-mask case.
Wel! that's fag end o' th' Chip-shop queue,
Un' here comes t' bus fer Bacup, too,
So if Ah meeon t' ged a seat,
Well Then! Ah'll bid yo' all good-neet.

Published by permission of Alex Hutchinson
and Mrs. Linda Cottier

Fish, Chips, An' Peas

Michael May (Bamber Bridge)

Nowt's surer t' please,
Than fish, chips, an' peas,
If ye con just ged 'em 'ooam wile ther 'ot,
Bud sumtimes it con be,
That sumbody, like me,
U'll keep that stood theer till ther not.
Wen my gob gets gooin',
An' Ah get t' chewin',
Tha con bet tha'll bi theer till ther cowd,
Wen Ah've 'ed sum ale,
Ah con start o' mi tale,
An' tha'll keep stannin' theer till it's towd.

So, wen tha goes t' t' chippy,
Unless tha're reet nippy,
Like no queue, an' tha 'esen't t' wait,
In case tha might see,
Sumbody, like me,
Tek one o' them bags that insulate,
Ther used wen yer shoppin',
Fer stuff frozzen, t' pop in
yer freezer, at least so Ah'm towd,
Ther strong an' ther tuff,
An' ther lined wi' sum stuff,
As keeps 'ot things 'ot, an' cowd cowd.

Then it wern't matter,
If tha 'es a natter,
Ner 'ow long tha stan's theer yarnin'
If tha's cawd late at neet,
Full ev ale an' dead beat,
Shove 'em under thi bed till i' t' mornin',
Thi'll bi still pipin' 'ot,
An' unless tha's fergot,
T' tek up some salt an' the aleckar,
Ye con get deawn yer 'ead,
An' con stop i' yer bed,
An' 'ev fish, chips, an' peas fer yer dinner theer!

Grandma's Tom-Cat

Michael May (Bamber Bridge)

Ay, wey've getten an owd tom-cat as lives in eawr 'eawse.
Afoor th' owd lass deed it wer really Grandma's.
Hoo's been deead a gret while — ver' near ten year;
But yon owd tom-cat'll still sleep in 'er cheer!

'Ee's lost 'ayfe 'is tail, an' 'ee's blind i' one eye,
'Ee's getten just enough teeth left fer 'im t' get by.
Ah don't know 'ow 'ee keeps gooin', er 'ow 'ee survives,
Still, they reckons as aw cats 'as getten nine lives.

Ah think yon mon of eawr's mun be down t' 'is last,
But it's fer sure t'other eight were aw spent fer t' best!
Ah looks at aw t' cats as is livin' round 'ere,
An' they aw look like yon mon, asleep on 'is cheer!

Grandma were owd fashioned — hoo kicked cat out at neet.
Sometimes 'ee'd pike off, an' be missin' a week!
Who knew 'ee'd be back; who'd say, "Ee'll be out on t' razzle.'
'Ah'll boil 'im some fish 'eeads, 'ee'll be worn to a frazzle!'

'Ee'd slink ooam aw scruffy, an' dirty, an' worn,
An' one time 'ee come back wi' 'is ear aw torn,
But a week o' fish 'eeads, wi' pobs fer a treat,
An' 'ee were soon 'is owd sel'— smooth, shiny, an' sleek.

Nowt freightened yon tom-cat! By gum! 'Ee could feight!
'Ee'd tackle any dog — even five times 'is 'eight!
But 'ee met 'is match when 'ee were punched out one neet,
'Ayfe 'is tail geet bit off! Ah'll bet that made 'im screet!

'Ee were quite a good songster — ye could 'ear 'im fer streets,
Wi' 'is mahwlin' an' skrahkin' on t' yard wall of a neet,
But t' poor lad's lost aw of 'is opera voice now;
It seems like 'ard work fer 'im just t' "*Miaow!*"

'Ee can't 'ave much time left, now, can't th' owd lad,
An' when 'ee pops off, well, Ah'll feel a bit sad,
But there's one thing that's certain — of this Ah'm quite sure,
When this owd tom-cat dees — we're 'evvin' no moor!

Wen Amos Bradshaw Wer A Lad

Michael May (Bamber Bridge)

Wen Amos Bradshaw wer a lad,
Ther 'ouse wer lit wi' gas lamps,
Thi struggled t' get wot bit thi 'ad,
Caus times wer 'ard.
Thi'd one cowd tap t' do 'em aw,
A boiler at t' side o' t' fire,
A tin bath 'ung o' t' backyard wauhw,
An' t' closet dahn t' yard.

Ee 'ed four looms at 'Dahn Below',
Three plain 'uns an' a fustian,
Ee tuk ooam tenty one an' four,
That wer fer t' week.
'Is dad wer killed i' t' fost World War,
'Is mam geet aw 'is money,
Id worned s' much fer wod ther wor,
She 'ed t' keep.

'Is mam, 'is gran, two sisters too,
An' 'issel aw lived at ooam,
'Is mam tired 'ard t' mek a do,
An' stop 'em clammin'.
Ther rent wer five an' six a week,
A big 'ole i' ther money,
Id di'nt leeav much fer aw ther keep,
'Oo wer allus starvin'.

Thi aw wor clogs upo' ther feet,
One pair o' shoes fer Sunda',
Except 'is Granma, 'oo'd a stick,
'Oo wer nearly eighty.
Sometimes 'ee'd ged 'em aw a treat,
Wen 'ee'd arned some extra money,
Ee'd buy a piece o' brisket beef,
Er summat meyty.

Ay, t' days wen Amos wer a lad,
Wer fair cruel to 'em aw,
But summat i' plenty that thi' 'ad,
An' that wer love.
Like t' rest o' t' families i' ther street,
Thi'd aw 'elp one another,
Wen love is th' owny thing ye've geet,
It's wod ye give.

Ah'm Aside o' Thee

Joan Pomfret (Great Harwood)

Hap what may o' weal or woe
Ah'm aside o' thee —
Friends may come an' friends may go,
Allus ceawnt on me.
Mony a sorrow, mony a tear,
Crop up on life's way — ne'er fear,
Onyheaw and onywheer
Ah'm aside o' thee!

Wod tha dost — aye, reet or wrong —
Ah'm aside o' thee;
Trouble shared waint last soa long,
Share id then wi me.
Tek noa notice wod fooaks say,
Do thi best an' peg away —
Time goes on, at th' end o' t' day,
Ah'm aside o' thee.

Every neet when th' wark's aw done,
Ah'm aside o' thee —
Reet to th' end, an' further on,
Hond in hond we'll be.
Deoth?— id's nobbut just a dooar,
Oppenin' on summat mooar —
Tho' th' art left, tha con be sure
Ah'm aside o' thee.

Joan Pomfret's poems are published by permission of the Lancashire Authors' Association,

Untilled Land

Joan Pomfret (Great Harwood)

Eawr farm wor just up t' slope o' t' fell,
Ah'd lots o' room to play —
But when Ah grew to nine or ten
Mi mother used to say:
'Think on, eawr Kath! Yo've t' run o' t' place,
Pray God yo allus will,
But dorn'd set foot eawtside t' top field,
***Thad's** part o' Pendle Hill!*
Id's untilled land, id's witch counthry,
An' nobdi's safe up theer
At Lammas or at Midsummer
Or ony time o' t' year!
Ah've heerd o' childer vanishin'
An' new lambs tekkin' ill
An'— well, ne'er heed! Just keep away
Fro' harm an' Pendle Hill!'
At seventeen Ah went wi' Jim,
We used to meet i' t' lane —
*'Think on! Dorn'd goo up yon wi' **him**!'*
Mi mother ud complain.
'Id's untilled land, id's witch counthry,
Id's drear an' dark an' chill —
Love him i' t' fowd or t' bluebell wood,
*But **nod** o' Pendle Hill!'*
'Appen Ah should ha' minded her?
But t' harvest moon wor breet
An' Jim sez *'Owd Wives' Tales! Come on,*
Id's grand up yon toneet!'
(Id **wor**!) T'wind's song wor cowd an' sweet,
An' t' kissin' sweeter still
When Owd Nick laughed an' plucked mi sleeove
At t' top o' Pendle Hill!
A lot o' watter's come deawn t' clough —
Neaw mi own childer play
I' t' fowd an t' fields an' t' bluebell wood,
But when Ah sees 'em stray
Ah skrikes *'Torn back!'* (Ah wonther if
Mi mother co'ed as shrill?)
'Id's untilled land, id's witch counthry,
Id's part o' Pendle Hill!'

Counthry Concert

Joan Pomfret (Great Harwood)

"Come on, lads, we're reight at t' last minute!
(Ah know, Frank, we've aw missed eawr tay!)
They're champion, concerts i' t' counthry,
But **this** *'un's a heck of a way!*
Wheer's t' Coach? Run to t' corner an' look, Joe,
They sed six-on-t' dot, an' id's struck—
An' stop t' young 'uns laikin' wi t' song-sheets!
They've dropped 'Annie Laurie' i' t' muck!

Id's comin' on wet, we's be flooded!
Ther's t' coach crawlin' up through, bi t' gate—
Get t' clobber lined up, an' look lively,
Fer t' driver 'ull cuss if we're late.
Ah'm wonderin' wod mak' o' pianner
They'll hev? Punced-abeawt, ten to one,
Wi' 'boppin' an' poppin' an' aw sooarts—
I' t' counthry they're reet fond o' fun!

Thank goodness we're oaf! Are yo aw theer?
Wheer's Bill? oh he's ceawred eawt o' seet—
Shut up, lads an' gie us a note, Bill,
We're beawn to get th' oppenin' reet!
Think on, lads, eawr job's Entertainment
To sing—an' refresh—an' inspire—
We's hev a gron' time eawt i' t' counthry,
An they'll hev a gradely grand Choir!"

A Preycher's Prayer

Clifford Heyworth (Bill o' Bows) (Bacup)

"Lord, give to me an opp'n mind,
A heart o' love both true an' kind;
An' help mi i' this world t' find,
Moore foak t' worship Thee.

Grant, O Lord, each time Ah teych,
Ah'll bring moore foak wi'in Thi reych;
So help mi prove, whene'r Ah preych,
It's good t' worship Thee.

Provide me then wi' food for thought,
So Ah con speawt just like Ah ought;
That they might find that which Ah sought;
An' earthly love for Thee.

'Tis fro' mi heart, O Lord, Ah pray,
Forever will Ah walk Thi way;
Thad others waint bi led astray,
But nearer com' t' Thee.

So be it then, when th' time shall com',
When this gret world Ah'm ta'en eawt from;
May Ah then find yon Heavenly wom,
An' live i' peace wi' Thee."

Sally Brown

William Fielding Hampson (Bolton)

A winsome lass is Sally Brown,
An' t' bonniest lass i' th' fowd;
A ray o' sunshine, an' her heart
Ah'm sure is purest gowd.

To see her smile, it's like the sun,
It seems to worm yo' through;
For folk 'ats ailin' neaw an' then,
Hoo connot do enoo:

Ah've yarn her singin' monny a time
When comin' fro' her wark–
Wi' notes as clear as crystal, an'
As sweet as onny lark.

An' t' childer think aw t' world on her,
For when hoo's had her tay,
They'll goo an' gather reawnd her dur
An' ax her t' come an' play.

Sometimes Ah see her ceawrd on t' waw,
Her knittin' on her knee,
An' monny a time Ah'we weeshed that Sal
Were knittin' things for me.

Ah like yon lass aboon a bit,
Ah think hoo likes me too;
Ah've liked her sin' hoo took mi hond
When fust wi went to t' skoo.

Ah'd like to link her arm i' mine,
This bonny harvest neet,
An' wander on where t' dewdrops hang
In t' new mown meadows sweet.

Ah'd like to hang mi cap up yon,
On t' peg at back o'th speer;
Ah'd like to ceawr aw neet wi' Sal,
I'th nook on th' owd couch-cheer.

Ah'll goo an' see her straight away,
Hoo's yonder leignt on t' gate;
There'll bi no peace for me until
Ah've Sally for mi mate.

It's Grand

William Fielding Hampson (Bolton)

It's grand to get whum once again,
When t' wark is done for t' day;
To doff mi clogs, an' wesh mi honds,
An' draw up for mi tay.

It's grand to have aw t' childer reawnd—
T' babby to th' owdest lad,
They'n bin waitin' for mi comin',
They're fain to see their dad.

It's grand to see their mother theer,
Still fresh as fleawrs i' May—
Hoo's still a pickther, though her yure
Is tinged wi bits o' grey.

It's grand to goo i' th' garden, just
To root amung mi plants;
Yo owt to come i' th' Spring o' th' y'ar,
An' see mi pollyants.

It's grand when childer's gone to bed,
To ceawr i' th' porch bi t' dur,
An' talk wi' t' wife abeawt owd times
When Ah were cooartin' her.

There's lots o' folk 'ats ne'er content;
For brass an' pleasure strive;
Ah'm satisfied wi what Ah have—
It's grand to be alive.

A Cup O' Tay

William Fielding Hampson (Bolton)

Some like whisky, an' some like ale,
Which may bi mild or strung or pale;
But like mi mam, Ah allus say,
"*There's nowt con lick a cup o' tay.*"

When feyther goes eaut on his plot,
An' comes in gradely teighrt an' hot,
He says, "B*y gum it's warm to-day,*
Neaw what abeaut a cup o' tay."

When mi mam gets back fro' t' teawn,
An' t' shoppin's welly gotten her deawn,
As soon as things are put away
Hoo mak's hersel' a cup o' tay.

When t' neighbours come in for a chat,
To talk abeaut this thing an' that,
Their tungs'll loosen swift an' gay,
When hawve road through a cup o' tay.

So fill th' owd taypot up again,
An' hond yo're cups an' just say when;
For like mi mam Ah allus say,
"*There's nowt con lick a cup o' tay.*"

LANCASHIRE HOT-POT

Amy Flynn (Bacup)

Ther's nowt like a Lancashire Hot-pot
To waarm y' up on a cowd day;
Y'll find as it's quick,
To yer ribs it'll stick,
An' doesn't need watchin' all day.

A peawnd o' neck chops eawt o' t' middle,
Best lamb! Ther's no mutton, wer towd;
Ah really dern't know
Just weer t' sheep all go,
Fer ther nooan gin a chance to grow owd.

Two peawnd o' spuds, medium sized uns,
An' two or thri carrots as weel,
An onion or two,
It's just up to you
Heaw mony y' likes i' yer meal.

First peel 'em, then slice 'em all nicely,
An' lay 'em i' t' dish, on t' meyt;
Yer onions slice thin,
Then t' carrots put in,
An' t' taters o' t' top. Aye, that's reight.

A beef cube dissolved in 'ot wather,
Beawt a pint is wot Ah us'lly use;
Ah like Bovril missel,
Ooh! should Ah nooan tell?
Then pepper an' salt as y' choose.

Pop all into th' oon at Mark 7,
Fer hauf an heawr, 'till it gets 'ot,
Then turn deawn to 2,
An' just let it stew
Fer two heawrs, then tek t' lid off t' pot.

Y' con if y' like, mek som' dumplins,
Wi' suet an' self-raisin' fleawr;
Just drop 'em i' t' pot,
Turn t' gas back to 'ot,
An cook abeawt quather ov an heawr.

Y'll find t' dumplin's fluffy an' crispy,
An' t' taters just ready to eyt,
Wi gravy all breawn
Y'll sood ged it deawn,
For t' booans 'll be partin' fro' t' meyt.

Ther's plenty o' Lancashire dishes,
But a hot-pot is my choice, Ah'd say,
Fer ther's nowt as con beat
This Lancashire treat;
Why doesn't ti thri one, today?

A Question o' Spooart

Amy Flynn (Bacup)

I' ev'ry spooart ther's sartin sayin's
Fotch a smile to t' lips;
I' cricket thi bowl maidens o'er,
An' 'ave short legs an' slips;
An' tho' thi've ducks i' cricket,
I' football thi 'ave fowls,
While golfers try fer birdies,
Boxers 'll throw in t' towels.
Swimmers 'll crawl or swallo' dive,
Or swim like butterflies;
While rugby players tackle 'em,
Get dropped goals, or score thries.
But has ti ever bin to watch
A match o' t' bowlin' green?
It's bether entertainment than
Yo ged o' t' telly screen.
Y'll yer 'em sheawt "*Th'art way up steears*",
Or else, "*Th'art short o' legs*";
Then somb'dys wood 'll just kiss Jeck,
While somb'dy else wants pegs.
If one o' t' woods is slow th'll say
"*It's nobbut geet to run*";
Or else "*tha's left thi wood a 'whom*";
It's all sed i' good fun.

If ther to fast an' rowl off t' green
Y'll yer ther partner sheawt,
"*Thad wer a lovely rooad y' had,
But just tek a bit eawt*".
Sometimes y'll see 'em o' one leg
Wi' booath ther arms up hee;
Ah wondered what wer up wi' 'em,
But it seems thi'd getten three.
But wen thi sheawt '*a pon full*'
Thi've four woods nearest Jeck
Or iv one's runnin' nicely, then
"*He'll nooan want that one beck*".
Ah've sin 'em play o' t' bowlin' green
Long afther it's gone dark,
Wi' th' 'ead lamps shinin' fro' ther cars
An' leetin' up all t' park.
Ah've yet to see a bowler turn
An' hug an' kiss 'is mate
Like thi do at football matches;
Ther a little mooar sedate.
Thi just shake honds like gentlemen,
An' grunt "*A good game, Joe*";
Just t' same way as Sir Francis did
Wen 'ee played o' Plymouth Hoe.

WELCOME, BONNY BRID!

Samuel Laycock (Stalybridge)

Th'art welcome, little bonny brid,
But shouldn't ha come just when tha did;
Toimes are bad,
We're short o' pobbies for eawr Joe,
But that, of course, tha didn't know,
Did ta lad?

Ah've often yeard mi feyther tell,
At when Ah coom i' th' world misel'
Trade wur slack;
An' neaw it's hard wark pooin' throo—
But Ah munno fear thee, iv Ah do
Tha'll go back.

Cheer up! these toimes 'll awter soon;
Ah'm beawn to beigh another spoon—
One for thee;
An', as tha's sich a pratty face
Ah'll let thee have eawr Charley's place
On mi knee.

God bless thee, love, Ah'm fain tha'rt come,
Just try an mak' thisel awhoam:
Here's thi nest;
Tha'rt loike thi mother to a tee,
But tha's thi feyther's nose, Ah see,
Well, Ah'm blest!

Come, come, tha needn't look so shy,
Ah am no' blamin' thee, not I;
Settle deawn,
An' tak' this haupney for thisel,
There's lots o' sugar-sticks to sell
Deawn i' th' teawn.

Ah know when furst Ah coom to th' leet,
Ah're fond o' owt 'as tasted sweet;
Tha'll be th' same.
But come, tha's never towd thi dad
What he's to caw thee yet, mi lad–
What's thi name?

Hush! Hush! tha mustn't cry this way,
But get this sope o' cinder tay
While it's warm;
Mi mother used to give it me,
When Ah wur sich a lad as thee,
In her arm.

Hush-a-babby, hush-a-bee—
Oh, what a temper! dear-a-me
Heaw tha skrikes!
Here's a bit o' sugar, sithee;
Howd thi noise, an then Ah'll gie thee
Owt tha likes.

We've nobbut getten coarsish fare,
But, eawt o' this tha'll get thi share,
Never fear.
Ah hope tha'll never want a meal,
But allus fill thi bally weel
While tha'rt here.

Thi feyther's noan been wed so long,
An' yet tha sees he's middlin' throng
Wi' yo' aw.
Besides thi little brother Ted,
We've one upsteers, asleep i' bed,
Wi' eawr Joe.

But tho' we've childer two or three,
We'll mak' a bit o' reawm for thee,
Bless thee, lad!
Tha'rt th' prattiest brid we have i' th' nest,
So hutch up closer to mi breast;
Ah'm thi dad.

BOWTON'S YARD

Samuel Laycock (Stalybridge)

At number one, i' Bowton's Yard, mi gronny keeps a skoo,
But hasn't mony scholars yet, hoo's only one or two;
They sen th' owd woman's rather cross,—well, well, it may be so;
Ah know hoo box'd me rarely once, an' pood mi ears an' aw.

At number two lives widow Burns—hoo weshes clooas for folk
Their Billy, that's her son, gets jobs at wheelin' coke;
They sen hoo coarts wi' Sam-o'-Neds, at lives at number three;
It may be so, Ah conno tell, it matters nowt to me.

At number four Jack Blunderick lives; he goes to th' mill an' wayves;
An' then, at th' week-end, when he's time, he pows a bit an' shaves;
He's badly off, is Jack, poor lad; he's raything lawm, they sen,
An' his childer keep him deawn a bit—Ah think they'n nine or ten.

At number five Ah live mysel', wi' owd Susannah Grimes,
But dunno like so very weel—hoo turns me eawt sometimes;
An' when Ah'm in there's ne'er no leet, Ah have to ceawer i' th' dark;
Ah conno pay mi lodgin' brass, becose Ah'm eawt o' wark.

At number six, next dur to us, an' close o' th' side o' th' speawt,
Owd Susie Collins sells smo' drink, but hoo's welly allis beawt;
But heaw it is that is the case Ah'm sure Ah conno tell,
Hoo happen maks it very sweet, an' sups it aw hersel!

At number seven there's nob'dy lives, they left it yesterday,
Th' bum-baylis coom an' mark'd their things, and took 'em aw away;
They took 'em in a donkey-cart—Ah know nowt wheer they went—
Ah recon they'n bin ta'en and sowd becose they owed some rent.

At number eight—they're Yawshur folk—there's only th' mon an' woife,
Ah think Ah ne'er seed nicer folk nor these i' aw mi loife;
Yo'll never yer 'em foin' eawt, like lots o' married folk,
They allus seem good-tempered like, an' ready wi' a joke.

At number nine th' owd cobbler lives—th' owd chap 'at mends my shoon,
He's getting very weak an' done, he'll ha' to leov us soon;
He reads his Bible every day, an sings just loike a lark,
He says he's practisin' for Heaven—he's welly done his wark.

At number ten James Bowton lives—he's th' noicest heawse i' th' row;
He's allus plenty o' sum'at t' eat, an lots o' brass an' aw;
An' when he rides an' walks abeawt he's dress'd up very fine,
But he isn't hawve as near to Heaven as him at number nine.

At number 'leven mi uncle lives—Ah caw him uncle Tum,
He goes to concerts, up an' deawn, an' plays a kettle-drum;
I' bands o' music, an' sich things, he seems to tak' a pride,
An' allus maks as big a noise as aw i' th' place beside.

At number twelve, an' th' eend o' th' row, Joe Stiggins deals i' ale;
He's sixpenny, an' fourpenny, dark-coloured, an' he's pale;
But Ah ne'er touch it, for Ah know it's ruined mony a bard—
Ah'm th' only chap as doesn't drink 'at lives i' Bowton's yard.

An' neaw Ah've done Ah'll say good-bye, an' leave yo' for awhile;
Ah know Ah haven't towd mi tale i' sich a first-rate style;
But iv yo're pleased Ah'm satisfied, an' ax for no reward
For tellin' who mi nayburs are at live i' Bowton's Yard.

DAD'S MEDALS

Cliff Gerrard (St. Helens)

It were smashin' when our dad come whoam,
After twothree pints at t' local,
He'd sit in th' armcheer, next to t' fire,
Aw eloquent an' vocal,
An' talk for hours on t' fost World War,
O' Tommies dead an' gone,
We ducked wi' him as shells whizzed past,
Rejoiced at battles won,
We walked through trenches thick wi' mud,
Learned words like '*Kommerad*',
So, on most Sundays, come the cry,
"*Show us thi medals, dad.*"

He'd geet five of 'em in a box,
He'd hand one to each son,
Five pairs of hands caressed 'em,
As he described each one.
"*That's wheer mi leg geet done*", he'd say,
"*Flamin' Gerry sniper!*
Jackie Ball geet killed t' same day,
In a place as we cawd Wipers,
He were nobbut seventeen", he'd sigh,
"*A strappin' Billinge lad*",
We were often sadder after sayin',
"*Show us thi medals, dad.*"

Mind yo, his humour were a treat,
It weren't aw death an' shells,
He towd some beltin' yarns about
Yon famous Dardanelles!
One cowd day he copped a German,
"*Ach! Gott Mitt Uns*", he cried,
"*Well, tha lucky, we've no gloves nor nowt*",
Our shiverin' dad replied,
"*Ah thowt as he said 'Mittens'*", dad explained,
We'd laugh like mad,
He towd it every time as we said,
"*Show us thi medals, dad*".

Him an' Harry Waterworth
Pinched a pig one neet!
"*It made a change from eytin' rats,*
It's time we had a treat!"
An' we'd gasp 'RATS?' an' he'd say "*Aye,*
Get thissen a bet on!
We chased t' pig aw round Flanders Fileds
Until it geet a sweat on!
Then t' Battalion dipped their bread in it,
It didn't taste so bad!"
Tears an' laughter allus followed,
"*Show us thi medals, dad.*"

Th' owd chap died a few month back,
T' lads didn't skrike, we thowt
He'll be wi' Jack, an' Harry,
Talkin' Army days no doubt,
Mi mam give us a medal each,
We cherish 'em wi' pride,
By God, when she bequeathed 'em,
That's when we really cried!
Tha reads o' medals auctioned now,
For paltry sums, it's sad,
Tha cawn't go sellin' memories, nay,
We'll keep thi medals, dad!

Eawr Joe's Lad

Cliff Gerrard (St. Helens)

Each time eawr Joe become a dad,
He'd act aw posh an' regal,
An' hopin' it would be a lad,
He'd book t' top room at th' Eagle.

But every time Joe geet let deawn,
As lass would follow lass,
His brow would wrinkle in a frown,
An' he'd scarcely raise his glass.

T' relations didn't mind one bit,
Twelve lovely 'Do's' they'd had,
They'd say '*Weel done, Joe, this is it,*
Ten bob says it's a lad.'

An' then - when he were forty-eight,
A lad! Eawr Joe went daft!
T' top room at th' Eagle groaned wi' t' weight,
They supped, they skriked, they laughed.

"*Who does he favver, Joe?*" asked one,
"*Yore Jem, yore Jack, or Grace?*"
Joe grinned, "*Ah've no idea, owd son,*
Ah've ne'er looked at his face!"

Jemmy's Garden

Cliff Gerrard (St. Helens)

When Jemmy Warburton retired,
He bowt a bungalow,
Wi' a lovely view o' t' Pennines,
T' other side o' Clitheroe,
T' wife thowt o' t' terraced house they'd left,
As oppened onto t' street,
Wheer aw they had outside t' back door
Were forty-eight square feet
O' Corporashun flags, a midden,
Ten foot high brick walls,
A shed for Jemmy's pigeons,
An' a hut for Nature's calls.
Hoo said "*Eeh, Jemmy, this is it!*
Tha's bowt mi Paradise,
Now - get thi coat off reight away
An' make this garden nice."
Well Jemmy did as he were towd,
For t' sake o' keepin' t' peace,
He bowt a book on gardenin',
His efforts ne'er ceased,
He shifted scutch-grass, buttercups,
Coltsfoot an' clover, too,
Built fancy walls, a wayter-fall,
A wrought iron gate or two,
He buried paint-tins, an' cement bags,
Builders' trankliments,
Chunks o' mortar, plaster-booard,
An' empty crate o' Bents,
An' two years later, t' garden could
Compete wi' Percy Thrower's,
T' relations come from miles away,
To gawp at aw his flowers,
Chrysanthemums, convolvulus,
Clematis, columbine,
Nasturtiums, pansies, pollyants,
An' marigolds divine,
One Summer's day, t' new vicar cawd,
An' Jemmy showed him round,
The Reverend Arkwright stood aghast,
"*Tis Paradise I've found!...*"

He rambled on, like vicars do,
Appraisin' it to t' skies,
"*Another God-made miracle,*
But then, 'tis no surprise,
It proves what God and Man can do,
Man cannot work alone,"
Jem sighed, "*Ah wish tha'd seen it,*
When He had it on His own!"

To One Beloved

Lilian Harwood (Tyldesley)

It's not so oft we think fert' say
Them thowts within eawr 'earts;
Per'aps because we're feelin' most,
Causin' the tears fert' start;
An' neaw, at th' end o' a gradely day,
Wi' twileet comin' on,
I want fert' talk to thee a bit,
Afore this hour is gone.

I want fert' tell thee 'eaow I feel,
Abeawt thee every day,
I'll not say it aw eawt leawd,
But this is what I'll say;
It's when th' art feelin' done, mi lass,
An' t' day's bin aw too lung,
It's rainin', an' tha's 'ad enough,
An' th' art not feelin' sthrong.

Then think a thowt, because it's thrue,
Thur's one as loves thee dear;
I met not often say it, lass,
But tha knows it's allus theer;
Oft times I think I'm lucky, lass,
Fert' 'ave thee by my side,
I' t' grey days, an' i' t' days o' blue,
Whatever met betide.

We're 'ere together on life's road,
An' times are often tough,
Oft times we'n getten pain an' sthress,
An' oft eawr road is rough;
Bur if eawr love is brave an' sthrung,
Faith in eawr pathway clear,
An' steadfast 'ope fert' spur us on,
We're beawnd fert' persevere.

Through t' sunshine, an' through t' rain, mi lass,
We've wandered on together;
Times when we've not knowed wheer fert' turn,
Sometimes i' gowden weather,
When t' blackbird sings, an' we're on top doh,
Why! then it's grond fert' be
Sittin' eawtside i' t' garden, lass,
Safe; 'ond-in-'ond wi' thee.

Mi Dad

Iris Pursell (Tyldesley)

I mind mi Dad oft tellin' me
When I were under t' weather,
"*Come on, Mi Lass! we'st weather it,*
An' weather it together."
'E weren't an educated mon,
An' yet, in 'is own quiet way,
'E 'ad 'is own philosophy,
An' oft to me 'e'd say,
"*Keep thi 'eart up, Jenny,*
Though th' 'ill be 'ard fert' climb,
Wi' a song we're beawnd fert' do it,
An' we'st reach its top i' time;
So put thi 'ond i' mine, mi lass,
An' step eawt sthrung an' free;
We'st come to sunshine in a bit,
So just thee wait an' see."

An' then when I were eawt o' work,
An' Dad were on short time,
Oft times we 'ad a job fert' rise,
An th' 'ill were 'ard fert' climb;
But Dad sez, "*Allus pay eawr rent;*
An' we'st 'ave a shelter, lass;
We me't 'ave t' clem, but t' day'll come,
An' t' neet'll surely pass.
So keep thi 'eart up, Jenny!
At least, we con but thry;
This storm corn't last forever,
There'll be blue i' yonder sky;
So put thi 'ond i' mine, lass,
An' walk wi' me awhile;
The betther times is comin', Love;
Then we'st 'ave cause fert' smile."

Mi Dad's bin gone this mony a year,
An' I con nur forget
'Is little womly sayin's,
As I remember yet;
An' I look up at 'is picture,
As is on mi bedroom wa',
An' it seems as I con 'ear 'is voice,
An' 'is words I oft reca'…
"*Keep thi 'eart up, Jenny!*
I know as times is tough;
Remember aw t' bad times we've 'ad,
When t' gooin' were so rough;
So think on me, an' lift thi een,
An' very soon thou'lt see
That, though I'm parted fro' thee, lass,
I'm 'ere, at t' side o' thee."

Lonely Hearts Snub

Sally James (Edenfield)

Ah'm attractive un vivacious,
professional, un slim,
Ah'm five foot two, wi eyes o' blue,
un Ah'm hopin ter meet **HIM**.

He must certainly bi good lookin,
Wi eyes o' green er breawn,
Bi articulate, un cheerful,
A reet slicker in the teawn.

He must bi educated, uncomplicated,
Strung, aye, un very wise,
Un he mustn't have false teeth,
Er two skennin blood-shot eyes.

Ah don't want him chewin bacco,
Un he mustn't ever smook,
Un if he spits in t' fire,
He con tek his flamin 'ook.

He mun mek no vulgar noises;
That means, he mustn't burp er fart,
Fer if he does, Ah certainly
Won't gi that mon mi heart.

He must o' course be single,
Er divorced, it doesn't matter,
Be teetotal, wi no belly,
Though, Ah like um a bit fatter.

He must respect me, love me,
Aye, un do as Ah command,
Un shower mi wi kisses,
Bur only on mi hand.

Neaw, these er my credentials,
Un, if tha fits this fine description,
Please, ring me at this number,
If tha has no notable affliction.

Tha con meet mi, bi t' teawn hall clock,
Un mun wear a white carnation,
Bur Ah'll not wear mi wig, because
Ah've got this awful irritation.

Mi peg leg, Ah'll leave in t' boot o' t' car,
Mi glass eye, in mi purse,
Cos Ah don't want thi ter si mi,
Lookin at mi worst.

Un, if tha feels romantic,
Ah'm afraid, tha'll have to sheawt,
Fer me teeth have gone t' bi mended,
Un mi hearin aid keeps fallin eawt.

Bur, in case tha still can't see mi,
Ah'll wear a bloomin rose,
Fer Ah'm five feet two, wi one eye o' blue,
Un wi a wart upon mi nose!

Harvest Brought Home

Betty Lightfoot (Swinton)

Livin wer cheyp, fowk mooar willin,
Mi fayther tawd to me,
Thur eggs wer twenty fooar fer a shillin —
Tha'd be abowt five pee!

An orange — thay wer hawfpenny each,
Best steak? Ah durn't remember!
Tha sees yon pineapple 'n tha peach?
Ah ate sum one September.

Aye — apples, pears 'n plums ther wer,
Big, fat, juicy dates.
Goosegobs, damsons, spillin o'er —
Them Harvest times wer great!

Pork pies tha brimmed o'er wi juice,
'N lumps o' tasty pork.
Christmas treat wer t' farmer's goose,
Fat saved in t' jar, wi cork.

Cabbage — round as footballs,
Caulis — pale as t' moon.
Leeks as tall as 'enry 'all,
Sprouts fillt stalks bi June.

Did we ave insectacides?
Nay, lad, insects wer few —
Eaten bi birds n' bats, asides,
Our soil wer clen n' new.

Ow owd wer Ah? Let's see, bowt ten.
Th' owd memories in fine feckle!
Last wicks news? Did aught 'appen?
Aye — shoppin bill wer settled!

Ower T'Tops

Richard Pomfret (Blackburn)

Me heyd is mazed wi' t' shuttle's roar,
It's weyvin' bad, me een are sore,
Ah'm like as Ah con fend no more —
Come, lads, ower t' tops wi' me.

Wer hooam is welly fo'in' deawn,
An' t' goodwife shames abeawt hor geawn
— An' me? Ah havn'd heawfe-a-crown!
Come, lads, ower t' tops wi' me.

There's nowt in t' prints to lift yohr 'eart,
Preawd leaders meet, as foes to part,
Th' owd world's a ship witheawt a chart —
Come, lads, ower t' tops wi' me.

Ah'm weighted deawn wi' mortal care,
Id keawers atop o' me in t' chair.
Wod's sweet i' life?...Yon linnet's air?
Ah'll come ower t' tops wi' thee!

Sawt O' Th' Earth

Eric Holt (Westhoughton)

'Ee swears a bit, an' sups a bit,
'Ee caws a spade a spade.
Oftimes 'is clooas durn't seem to fit,
'Ee allus looks unmade.

'Ee reckons nowt o' fancy meight,
'Ee likes a gradely feed.
An' while 'ee 'as a scrap to eight,
'Ee'll see no soul i' need.

'Ee likes a bet, 'ee's foot-baw mad,
'Ee smooks mooar than 'ee should.
'Ee'll ne'er stop awf when 'ee feels bad,
Says wark'll do 'im good.

'Ee thinks 'ee's daft fer livin' 'ere,
'Ee's sick o' t' mill an' pit,
But then 'ee's part o' Lankysheer,
Bank on it—'ee'll ne'er flit!

Waythery World

Eric Holt (Weesthoughton)

Lukkin' thro' t' winder it's so weet an' grey,
An' th' eawsetops sheign like glass,
An' t' gutters gurgle, an' t' grids o'erspill,
While t' deawnspeawts spit, an' deawn yon 'ill
Th' owd bruk fluds eawt o'er grass.

It's a waythery place weer wi're beawn ter live,
T' sun cums i' fits an' starts.
Wot wi' t' pethrol fumes an' chimbley smook
Ah sumtimes weesh Ah'd ta'en mi 'ook
An' flit ter furrin parts.

It's aw reet sayin' uz wi corn't stond th' 'eat,
Wi'll fry like chips i' t' pon,
But gi'e mi a chance i' t' Seawth o' France,
Weer cleawds er white, an' t' sunbeams dance,
Ah'd feel a gradely mon!

Ah feel reet undressed beawt cap an' mac,
Ah've aw but getten web-feet.
Ah must say th' eawtluk's rayther black,
But Ah'll know this weather's dun it wack
When ducks swim deawn eawr sthreet!

T'MINER

Eric Holt (Westhoughton)

Ah'm sick o' workin' deauwn yon mine,
Ah'd rayther be weer t' weather's fine.
Weer t' swallers fly, an' t' winds are free,
Nay, t' pits ne'er bin a place fer me.

Fer years Ah've worked i' dust an' muck,
Wi t' roof propped up Ah scrawp an' duck.
Sum times Ah've ne'er sin t' sun aw wik!
Ah'm teyred o' clugs, an' spade, an' pick.

At t' mornings droppin' deawn i' t' cage,
Ah think Ah'd earn a betther wage
Shovin' nowt 'eyvier than a pen.
Ay my! Ah weeshed mi 'onds were clen.

Yet monny a frozzen winter's neet
Ah sit bi t' feyre, an' toast mi feet,
An' think eaw chilly life would be
Wi'eawt a feyre, an' chaps like me!

TH' OWD LONER

Eric Holt (Westhoughton)

Ah've nobbut a bob i' mi pockit,
Ah've ne'er 'ad a penny i' t' bank,
But mi pipe's filled wi baccy, mi feet er weel shod,
An Ah feel like a bow-winder swank.

There's them uz met say Ah'm a wastrel,
An' ne'er dun a daycent day's wark,
But then, Ah've ne'er pinched owt, ne'er bin afore t' judge,
An' yo weren't find mi eawt afther dark.

Mi 'eawse is weel cared for, an' tidy,
Ah ne'er miss a wik wi' mi rent,
Tho' Ah durn't stone mi step, an' mi winders durnt sheign,
It's awhoam fit fer any owd gent.

Ah've bin on mi own fer a lung time,
Ah unce 'ad a dog, but it deed,
Ah'm ne'er short o' cump'ny, tho' Ah durnt seek it mich,
An' Ah get as much meight as Ah need.

Ay, life's noan so bad fer an owd un,
If ee weren't ceawr a-moanin' i' t' cheer,
An' there's no sense i' livin' wi wun fuut i' t' grave,
'Cos thi durnt want no mis'rys up theer!

Mi life's bin a lung an' a 'ard un,
An' weet days 'ave eawt-numbered fine,
But no matter eaw tuff, Ah've ne'er 'ad no regrets,
Ah'm still wik—an' this mornin's aw mine!

TH' OWD SPINNER

Alan Dobson (Preston)

Thur pooin' th' owd mill deawn at last
It's bin stopped fer mony a yur
But they'll neaur poo mi memories deawn
'Cos Ah keep um freysh un clear

Ah use't fer t' be a Spinner
Tha knows — a deein' race
Ah started piecin' as a lad
Thi cawd mi 'Cheeky Face'

Fer fifty yur Ah warked i' theer
I' good tahms, and i' bad
But Ah wouldn't swop mi spinnin' days
— Thi wur t' best Ah ever had

Ah wed a lass as warked nex dooer
— A Weaver, weft un warp
Her wer t' bonniest lass Ah ever seed
But her weyvin' days are o'er

An' neh Ah'm on mi oowan a lot
Ah wander reawnd th' owd mill
Crackin' on as Ah con yar
Th' owd mules a-spinning still

Ah seed th' owd engine t' other day
It nearly brewuk mi heart
Ah remember t' time tha could eyt thi bait
On every shinin' part.

Ah seem tuh yar its silky beat in t' silent engine shed,
Theer, monny a mon had spent his days
Bur thur polishin' wur i' vain
'Cos thiv let t' owd engine rust away — It'll never run ageean.

It's sad to see th' owd cotton gone
It wur a seet toh see
An' t' smell o' cotton too, tha knows
It'll allus be wi me.

Ah 'ope as when it's taam fer t' goo
Thiv getten a mill up yon
It'd be grand fer t' do it aw ageeun
— Ah'll ask Him if Ah con.

EVENIN' SERVICE

Renée P. Blackburn (Colne)

Wi'd set off t' t' chapil, mi Grandad an' me,
As reglar as clockwaark, straight after eawr tea.
Wi'd sit in eawr pew on t' red felt covered seat,
In eawr Sunday best cloys, reight tidy an' neat.

Ah gazed up at t' choir seated 'igh in their pew.
Ah 'arkened t' t' preycher an' th' organist too.
Preycher preyched sich a while, from t' Bible ee read,
Eawr guide is t' Good Book, on t' reight track wi'll bi led.

Th'ymn singin' were grand, but all t' sermons were long,
Wi allus sucked mints, them 'at tastes extra strong.
As t' sermon dragged on, Ah could see t' sun go deawn,
Somebody's weel off, 'cos thev gi'n 'aulf a creawn.

An anthem, a lesson, then 'Let us all pray',
A fine Methodist 'ymn fer th' endin' o' t' day.
Ah giv a small coin 'at Ah'd clutched i' mi fist,
Wi prayers an' blessin's, wi all were dismissed.

When Ah Were A Lass

Renée P Blackburn (Colne)

Ah laiked eawt in t' back yard when Ah were a lass,
Wi' two o' thri' childer frae eawt o' t' same class.
There were 'op-scotch an' skippin' an' marbles an' all,
An' laikin' abeawt wi' a bat an' a ball.

Wi'd donkey stooaned steps, a dooar wi' a sneck,
An' monny an eawr wi spent laikin' in t' beck.
T' coyl chap 'ad coom reawnd wi' 'is 'oss an' 'is cart,
Wi'd eyt tatie pie an' 'ooam med traycle tart.

Wi'd gas leet, a slop stooan, an' nobbut one tap,
Wi'd a quilt 'at were patchwaark, a shawl fer a wrap.
Wi'd antimacassars an' two rockin' cheears,
An' a gran'feyther clock i' them owd bygone years.

Wi'd a mangle, a maiden, an' black iron pans,
T' milk chap did is reawnds wi' 'is churns an' 'is cans.
Wi'd a lumpy flock mattress, eawr bedsteads were brass,
Mi thowts allus turn back t' when Ah were a lass.

Yon Briny Breeze

Lowell Dobbs (Failsworth)

Come lads, Aw know yon facthry's dhree,
An' mules are never still;
An' what wi' floss, an' heat an' din,
It's bad enoof to kill;
But dunno despair, it's Wakes Wik,
So gi' yor bodies ease:
Scutter yorsels to th' say-side,
An' whiff yon briny breeze.

Leave thoose belchin' looms beheend,
Yo'n little time to play;
Doff yor dirty brats an' warty clogs,
Yo' con teaw another day;
An' if yo' click wi' a farrantly lass
Yo' like enoof to please,
Then tak' her to th' dosome say-side
To whiff yon briny breeze.

Why bezzle all yor holidi brass, lads,
Suppin' an' ricklin' in teawn;
That gate o' life ull kill yor wife,
An' bring yor childer deawn;
Theer's donkeys, fairs, an' sun an' sond,
An' pleasures more nor these,
So tak' yor family to th' say-side,
An whiff yon briny breeze.

It's nice to picnic on th' pratty moors
In some sunny little dell;
An' Aw know th' air is fresh an' clen,
'Cose Aw've often bin misel;
But if theaw's ailin' wi' weighvers' cough,
Or happen th' miners' wheaze,
Tak' yor powfagged lungs to th' say-side,
An' whiff yon briny breeze.

Theer's nowt con lick that fresh salt air
Ut blows across the say;
Fer it's physic to yung an' owd alike
From Furness Fells to Shay;
An' swop them pills fer bags o' prawns,
Or Fleetwood fish an' peas —
An' if happen yo' need some extra dot,
Just whiff yon briny breeze.

Aw con hardly wait fer th' facthry bell
To scutter whoam an' pack;
Th' owd rib an' me, an' little Nell,
An' eawr bonny babby, Jack;
An' soon as we'n donned eawr Sundi' best,
An' packed eawr pop an' cheese;
We'll catch th' express to th' say-side,
An' whiff yon briny breeze.

The Beast o' Cockey Moor

Brian Mitchell (Radcliffe)

O' Friday neets Owd Charlie
An' me an' Fred an' 'Ugh
Ud aw go deawn t' Woolpack
Ter sup a pint ur two.
I' t' snug thur wur a knowall
Bi t' name o' Billy Clegg,
An' it wur eaur ambition
Ter tek 'im deawn a peg.

No matther 'oo wur talkin',
('E wur jus' t' same at skoo')
'E'd thry an' goo wun betther
Ter mek yo' luk a foo',
Wi swore wi'd ger eaur own back
An' lead 'im a reet dance,
Wun neet wen 'e wur kaylied,
Wi thowt wi seed eaur chance.

Fust Charlie mentioned t' monsther
As prowls reawnd Cockey Moor,
Wen Billy sttarted lowfin'
Wi aksed 'im, "*Eigh, art' shure*
Tha's never yerd o' t' Skriker
As 'eawls i' t' leet o' t' moon?
If tha shud ever see it
Tha'd cheinge thi bloomin' tune!"

"*It's bigger ner a bull-cawf*
An' 'as a shaggy yed,
Wi' een like two greit saucers
Aw glowin' fiery red,
'Uge fangs it 'as like bread-knives
As ower'ang its jaws,
Its coat's a sickly yaller
An' t' feet 'as lung, sharp claws."

Bill sniggered, "*Gerraway, mon,*
Thur's no sich beast as that!
If tha'rt noan jus' romancin',
Ah'll eyt mi flamin' 'at!"
"*Neaw wud wi thry an' kid thi?*"
Sed Charlie, lukkin' blank,
"*Ah'll bet tha dursn't goo theer,*
Tha ne'er does owt but swank."

Weel, that geet Billy's back up,
'E sed ter eaur surprise,
"*Ah'll goo up yon termorrer*
An' prove it's nowt but lies!"
"*Tha'rt on, mi lad,*" wi towd 'im,
"*A quid wi'll lay as well,*
Tha wurn't last 'afe-an-'eawr
I' t' dark aw bi thisel."

Wen wi met Bill at Starlin',
'E lukked a thrifle pale,
So me an' Fred decided
Ter add a bit ter t' tale—
"*Shud t' monsther get be'ind thi,*
Tha'll feel its scorchin' breath,
But tha murn't turn an' face it
Cos t' seet on it means deth!"

Bill 'adn't bin gone five minnits
Afore wi yerd 'im yell,
An' seed 'im beltin' toarts us
Like summat eawt o' 'ell,
'Is face wur i' a lather,
'Is yure wur stud on end,
"*It's afther mi!*" 'e 'ollered,
An' disappeared reawnd t' bend.

Sed Charlie wi' a chuckle,
"That's soarted yon mon eawt,
Ah durn't think 'e'll sthop runnin'
This side o' Bradley Fowt!"
An' then 'e blowed a whistle,
Twur answered wi' a bark,
An' Eli Walker's sheepdog
Cum beawndin' eawt o' t' dark.

Wi'd covered it wi' whitewash
Ter gi' Bill Clegg a freet,
An' left it up o' th'illside
Afore wi met that neet.
Bill ne'er showed up i' t' Woolpack
Fer t' settle up 'is debt—
Ah think it's 'ighly likely
'E's noan sthopped runnin' yet!

Urban Renewal

Brian Mitchell (Radcliffe)

They'n flattened t' sthreet wheer Ah wur bred
An' built a supersthore insthed—
Aw t' folk Ah knowed ur gone ur ded—
They caw it **progress**.

No terraces, two-up, two-deawn,
Wi' doors an' windthers painted breawn,
But parkin'-shops fer 'afe o' t' teawn—
They caw it **progress**.

Eaur chimbleys wunce belched soot an' smoak
Fro' oppen feyres o' coil ur coke,
Neaw pethrol-fumes sthill mek us choak—
They caw it **progress**.

Wheer Puffin' Billy's whistle blew
They'n filt in t' cuttin' good as noo,
An' berried t' railway-station too—
They caw it **progress**.

Thur's two pubs left amid yon waste
But t' custhomers they'n noan replaced,
An' th' ale's aw gas an' 'as no taste—
They caw it **progress**.

At t' corner shop they ne'er sed nay
Wen asked fer tick, they'd thrust yo' t' pay,
Yo'd need a plasthic card terday—
They caw it **progress**.

A gradely lot they wur reawnd 'ere,
Aw scatthered neaw ter God knows wheer,
Wi' nobbut ghosts sthill livin' theer—
They caw it **progress**.

SURREAWNDED BI FLOWERS

Dave Dutton (Atherton)

Me mam were an ordin'ry Lancashire lass—she'd worked in the mill most her life
An' though many's bin dulled by the facthry grind, mi mam she were sharp as a knife.
She loved aw the beauties o' nature an' she'd sit in the garden fer hours
An' the songs o' the birds'd dreawn th' echoes o' t' looms as she sat theer—surreawnded bi flowers.

Fer't bi shut in a facthry's not natural, for aw folk need clean air an' leet,
But when mam escaped from t' mill's greedy grasp, she'd tek us on't moors, green an' sweet
An' we'd romp lahk young foxes in t' sunshine, revellin' in Earth's healing powers,
An' mam'd lie dreamily dozin' on't grass, contented—surreawnded bi flowers.

Ah remember one tahm, mi mam's birthday, when money were scarce an' life 'ard,
We'd 'ardly an 'awpenny between us—we couldn't afford t' price of a card.
So we gathered her favourite wildflowers, from t' meadows an' hedgerows an' bowers
An' we gave 'em th' owd girl, you'd've thowt they were pearls—she sat sobbin'—surreawnded bi flowers.

Aw them long years she worked in the facthry took a toll on her health it were plain,
An' though she had mony an illness, not once did Ah hear her complain.
An' then when owd age kept her prisoner, in t' shadow o' t' dark facthry towers
Ah knew that her heart were still out theer, in t' country—surreawnded bi flowers.

T' day that she left us were t' day as Ah skriked. Ah lay a red rose on her breast,
Her owd workmates had aw clubbed together an' bowt her just what she loved best.
An' as t' cars drew away from t' front dooerstep, mi tears fell lahk warm salty showers,
Till Ah realised, she'd gone as she'd want to have gone, at rest—surreawnded bi flowers...

REBIRTH

Brian Mitchell (Radcliffe)

Wen t' river yon wur young an' free,
No folks e'er clemmed fro' t' moors ter t' sea,
Fer thirst it quenched an' ballies filt
Afore aw t' facthories wur built,
Then t' watther-wheel gi'ed way ter stheam,
An' pizend waste wur pumped i' t' sthream
Till t' river choaked, turned black an' sthank,
Wi' slutch an' scum fro' bank ter bank.

So t' river weshed away its ded,
Aw t' craythurs as it wunce 'ad fed,
An' cudn't do owt but bide its time
Fer t' rid itsel o' muck and slime.

As ages passed, th' owd river saw
Greit chimbleys rise...an' wetched 'em faw,
An bit bi bit, as t' mills shut deawn,
A sweether smell crept o'er t' teawn.

Neaw undther t' bridge a chap wun day
Swore blind 'e'd sin wild ducks at play,
I' t' pub they sed, 'Nay, dammit, Jack,
Tha'll tell us next as t' feesh ur back!'
But little did them deawters know,
Noo life wur sthirrin' deawn below
As t' watther stharted runnin' clear...
An' roach wur spawnin' up bi t' weir!

I' Memory O' Gran

Dave Dutton (Atherton)

A young man - married now and with a family - remembers his grandmother…

Ah see thi still. Sittin' theer
Quiet and gentle in't thowd armcheer.
Watchin' o'oer me wi a smile,
Fingers tappin' all the while.
Though owd age had dimmed thi seet
Love shone eawt thi eyes so breet.
And in mi memory still tha bakes
Parkin, hotpot, Eccles cakes,
Singin' lily, prater pie,
Recipes from years gone by.
Thi brand-new pinny full o' fleawr,
Oh wilt come back fer just one 'eawr?

Tha wouldn't lahk it neawadays
Cos theaw 'ad moor owd-fashiont ways.
So here anmong thi other posies
I lay to rest this bunch o' roses.
But better far, me poor heart speaks
To see some roses in thy cheeks.
Ah'st av to go—neet's drawin' in
And t' childer's mekkin' such a din.
It breyks mi heart—Ah wish tha'd known 'em
Often thi photograph Ah've shown 'em.
Often thi photograph Ah've kissed.
Know this owd love; th' art sorely missed.

Mrs. Frances Dutton of Atherton, Dave Dutton's Grandma, a Lancashire lass, in her pinny.

THE COMEDIENNE'S PRAYER

Josephine Iddon (Walmer Bridge)

"This is Thy servant callin' Lord,
Toneet, Ah'se want a lift,
Ah offer aw mi wark to Thee,
Who blessed ma wi' this gift.
Ah ev to try an' act the foo',
Tha knows Ah'm not a clown;
But wilta keep mi corls i' place,
An' durned let nowt fal' down.
Send ma a friendly audience
That laughs i' t' proper places,
An' evn't heeard these jokes afooar,
Then Ah'll ev breathin' spaces.
An' durned let scenery wave abaht,
Or owt go wrung as might,
But just Thee keep thi een on ma,
Perchance Ah should teck fright.
Help ma remember aw mi lines,
Soas folk 'll allus know,
When t' cortun falls, mi piece is done,
Twer Thee that ned ma so.
When they applaud an' shaht fer mooar,
Then Ah'll try not to swank,
But when Ah bow, Ah'll bow to Thee,
Ah've on'y Thee to thank.
AMEN"

DECORATIN'

Josephine Iddon (Walmer Bridge)

We've bin decoratin at ar 'ouse,
Mi Mam geet some paint in a sale,
There's spots on id ole o'er t' carpet,
An' t' dog es a bit on his tail.

Mi Dad's started paperin' in t' perlour,
He says, "*It's a bit of a do,*
We're reckoned be paintin' in t' kitchen,
An' endin' up doin' o' through."

He'd gettan his paste mixed one mornin',
An' someb'dy give t' bucket a kick,
It landed all over ar pussy...
An' we've not seen her, of o' wick.

Mi Mam's started paintin' in t' bathroom,
Oo corned abide owt gooin' to waste,
An' Ah've to go lookin' for t' pussy
An' 'elp her t' get rid of o' t' paste.

Then Ah'se get Mam's best scissors...
To cut o t' paint out o' t' dog's tail,
We o' geet mooar than we bargained for
When mi Mam geet some paint in a sale.

John-Willy Handcart

John Oakley (Oldham)

So this is t' story o' John -Willy Handcart,
An' 'ow he wer given this name.
Some o' it's true, an' some o' it's false,
But I'll tell thee just th' same.

He wer eawt o' wark, an' short o' brass,
An' he didna own more than a penny.
He owed fer 'is coal, 'is gas, an' rent,
An' others, in fact quite many.

He geet some wood, an' chopped it i' sticks,
An' teed it i' bundles wi' string.
He feawnd an owd basket, an' filled it t' th' top,
An' hoped that some cash it ud bring.

He wer sellin' lots an' lots o' wood,
An' a basket wer aw' reet fer t' start.
But to carry on wi' this kind o' wark,
John-Willy wer i' need o' a cart.

So John-Willy started t' mek a big cart,
An' he hoped he'd bi rich very soon.
He geet some tools, some nails an' some wood,
An' carted um aw up t' th' bed room.

He banged an' sawed, an' med lots o' neise,
It wer lucky no one wer i' bed.
He finished it off wi' a wheel at each end,
An' painted it aw over red.

An' neaw it wer time t' tek it deawn steers,
He tried it through t' winder an' t' doorway.
But it woodna' goo aw that easy tha knows,
An' he thout it wer stuck theer till Doomsday.

He went eawt in t' street an' shouted fer help,
An' some neighbours came reawnd reet away.
Thi pushed an' thi pood, an' some swore as well,
But it wer'na breawt deawn till t' next day.

Up in t' bedroom next day, came a very young lad,
He said, "*Tek off boath wheels fer a start*".
This plan wer tried eawt, an' afore very long,
Thi wer aw stood eawtside wi' th' handcart.

He walked deawn t' street wi' 'is cart full o' wood,
An' wer dressed up, he looked very smart.
He don't owe a thing, an' he's paid aw 'is bills,
That's the story o' John-Willy Handcart.

A Special Day At't Seaside

Mary Smith (Weeton)

Ah cudn't a bin aboon five year owd when mi' brother Jem an' me
Went off one sunny mornin' to hev a day bi' t' sea
We'd sum dinner in a basket, an' mi' mother watched us goo
Wi' a wave, an lots o' warnins about what nat to do,
We hedn't aw that far to goo, eawr house wer near t' sea
An' we walked alung that dusty road as happy as could be.
There wer never onnybody about, an' we'd paddle in a poo'
An' luck for crabs an' seaweed; aw things as childer do.
But when we geet to th' end o' t' looan, we thowt a fair wer theer
Or summat onnyhow, gooin' on, there wer crowds o' fooak here.
A mon wer talkin' to 'em, stood on a little hill
We couldn't tell what he wer sayin', tho t' crowd wer verra still.
Sooa, we went an' dud sum paddlin', an' med castles wi' a cup,
An' soon it felt like dinner time, so we went a bit far up.
We'd bod just lukked in t' basket when a fellow wi' a beard
Axed us if we'd owt t' eyt, an' said "*Cum on up here*".
He led us up th' hillock: Ah let eawr Jem go fost,
Ah'd never sen' so monny fooak, Ah wer feared o' gettin' lost.
Then him as hed bin speykin', axed us if we'd share
Eawr basketful o' dinner wi' aw th' hongry fooak there.
Eawr Jem sed mooast politely, like mi' mother sed we must
As they were verra welcome, but we hedn't getten much.
We'd bod a lite o' taycakes, an' a couple o' sawted fish,
An tho it wodn't go so far they could hev it if they wished.
Ah cud see mi' dinner vanishin'; Ah wer tryn' not to skreet
When him as hed stood up talkin' sed '*Nah then it'll be awreet,*
You'll nat goo hongry little lass, just sit down here wi' me
There'll be enough fer aw on us.' Tho how Ah couldn't see.
We eyt eawr dinner together, he set an' talked to me,
Ah felt that safe an' happy as he rocked me on his knee,
Ah dudn't want to leeave him, but eawr Jem sed we mud start
Or mi' mother 'ud be moiderin' 'bout us cummin' hooam in t' dark.
Mi' mother dudn't believe us when we towd her what we saw
Hoo sed we must ha bin asleep, an' led an' dreeamed it aw.
But when hoo emptied t' basket eawr dinner wer theer untouched,
Five taycakes an' two fishes…just what hoo'd packed us up.
Ah dudn't understand it then… Ah'm no wiser now Ah'm owd
Ah ner knew what become of him as wer talkin' to aw t' crowd
Ah don't know wheere he went to, nor else from wheere he came
But aw mi' life Ah've wished as Ah'd axed what wer his name.

It's a gradely lot o' years sen mi' brother Jem an' me
Set off that sunny mornin' to hev a day bi t' sea,
Mi' life's bin uneventful: Ah suppose yo'd caw it dull
But Ah know that day we come on summat strange an' wonderful.

And they sat down in ranks, by hundreds and by fifties,
And when he had taken the five loaves, and the two fishes, looking up to heaven, he blessed, and broke the loaves, and gave to his disciples to set before them: and the two fishes he divided among them all.
And they all did eat, and had their fill.
And they took up the leavings, twelve baskets full of fragments, and of the fishes.
And they that did eat, were five thousand men.

St. Mark, Chapter VII

EAUR JOHN

Mary Smith (Weeton)

One day eaur John went out to play,
He hedn't bin out lung
When back in th' house he landed
Weet through, an' smellin' strung.
Sed to his Mum "*You know that house*
To t' reet of eawr front dooer
Wi' aw them gret big hoyles in t' thack
An' flags as mek a flooer?"

"*Aye*"

"*An then that other buildin'*
Joined on to it anow
Wer they med a way to get out
Through t' bricks in t' chimmley wo'."

"*Aye*"

"*And then that little petty*
Wi a seeat on a tin,
An' aw that sloppy stuff inside."

"*Aye*"

"*Well I've bin an' tummled in.*"

A DAY IN PRESTON

Mary Smith (Weeton)

Hev onny on yo ever bin to buy a corslet —
For if yo hev you may just know the ups and downs, by hek.
Ah'd bowt missell a new styled frock, as fairly showed mi shape
An Ah hevn't one to boast about; Ah luck better in a cape.
But mi dowter sed, "*Come Mother we'll buy you a corslet.*"
Ah thowt t' misell, no firm as med a one to fit my figure yet.
Well, we had a day in Preston to get this job just reet
An we booath ended up clear tired t' deeath at neet.
We cawd in every shop we see as sowd owt as lucked like stays —
(That's what they used to caw 'em back in th' owden days.)
But when mi dowter axed 'em if they'd owt as wod fit me
They said they'd A, B, C, in stock but thowt Ah'd need a D.
We tried a shop in one o' t' streets as lucked summat like my style
An they put us in a cubicle to wait a little while.
Well, frae t' other side o' t' cortan we heeard a woman say
"*Just tuck yer vest between yer knees, we'll put it on this way.*"
We lucked at one another and thowt, what con t' customer be buying?
Ah sed "*By gum it appen is a corslet hoo's trying.*"
A voice cried out "*Yer nippin me; Ah'm sewer it is too smo',*
There seems to be a lot o' me as waint goo in at aw."
"*Nay*" answered t' other woman, "*Just hold your breath well in,*
And I will do my very best to get the rest of y' in."
Hoo sed, "*It meks no difference, there is no moor slack*
For when Ah poo mi belly in mi bum sticks out at t' back!"
At last things quaatened dahn a bit an' then we heeard a sigh
"*Ah don't think as a corslet's reet thing for me to buy!*"
Ah hearkened aw these gooings on, an' thowt "*Aah deeary me!*"
Whatever mon Ah do when th' assistant comes to me.
Ah geet misell aw reet worked up, an' sweat stood on mi brow
Ah torned and sed t' mi dowter, "*Let's get out of here, now!*"
So we pyked up eawr belungings and crop out verra quaat
Ah wer in no fit state to try owt on, an' we hed to come back beawt.
"*Yo've med day t' length*", sed my owd mon, "*Whatever hev yo' bowt?*"
Ah plonked mi tired booans on t' squab and shamefaced answered,
'*NOWT.*'

LUV AFFAIR

Harry Craven (Stacksteads)

Neaw John Tommy Tupper wer' fifteen yer owd,
An' lived wi' his feyther an' mother i' t' fowd,
Thru' t' stages o' toddlin' an' trottin' on t' side,
They'd lengthened his britches, but shortened his stride,
An' still yet, they wandered an' trailed at his heels,
An' peppered an' salted his favourit' meals,
I' t' palace o' pleasure...his mother could tell...
He're ready an' rearin' to goo bi hissel.

An' nod so long after, he geet his big chance,
When t' firm run a Jubilee dinner an' dance,
John Tommy turned up—rayther shamefaced an' shy,
In a flashy new suit, an' a colourful tie;
As handsom' as monny a hero on t' screen,
He dallied wi' t' lasses, an' dazzled ther e'en,
'Til one of 'em axed him to join in a dance,
An' thad wer' t' beginnin' o' t' lads fost romance.

They twirled reawnd as leetsom' as dancin' on air,
Twer luv at first seet—wi' a starry-eyed stare.
Then, dodgin' i' th' alcove wheer t' leets wer' subdued,
They clung clooas together as tho' they wer' glued,
An' wod wi' t' soft music—an' howdin' her hand,
He'd ne'er known nowt like id an' thowt id wer' grand,
They giggled an' petted, an' pampered an' purred,
An' they sighed, an' they simpered 'til t' last waltz wer' yerd.

Bud meanwhile Owd Tupper wer' stormin' wi' rage,
He paced like a lion 'at pads reawnd id cage,
"*Neaw wheer con yon lad be wel this time!*" he growled,
'Til t' seawnd—up th' owd staircase fair echoed an' rowled;
"*Com' on*", snapped Ruth Alice, "*let's ha' thi upstairs,
Th'art worse nor a foghorn at's needin' repairs.
John Tommy'll com' when he's ready, Ah'm sure,
So com' neaw, an' slip him a keigh i' t' front door!*"

When t' moonleet wer' streamin' thru' t' shadowy fowd,
An' t' streetlamps wer' shinin' wi' sodium gowd,
A rook o' young revellers, tireless an' fleet—
Coom surgin' an' singin' an' sheawtin' 'goodneet'

Ruth Alice sit upreet, an' geet eawt o' bed,
An' waddled t' winda her generous spread,
An' theer under t' streetlamp i' t' front of her face,
John Tommy wer' locked in a luvvin' embrace.

Ruth Alice gazed fondly, wi' motherly pride,
Hoo beamed an' hoo chuckled, hoo sucked an' hoo sighed,
Her womanly instincts an' sympathies shone—
To see young John Tommy could shap' like a mon;
Owd Tupper coom, strainin' his pale peevish e'en,
To focus moore sharply on t' Romeo scene.
"*Just oppen thad winda, Ah'll stop 'em!*" he said,
But Ruth Alice snapped him "*Thee get back i' bed!*"

"*Ah'll nod have id spoiled wi' thi rattlesom' roar,
Id's better nor t' pictures, he's Rudolph all o'er,
Ah'll tell thi wod Tupper, he's diff'rent nor thee,
He's settin' th' example tha never sets me...
An' as fer thi sayin' he's larnt id at school.
Thers nobody needs larnin', it's natch'ral tha fool!
Like ducks tek to watter, or poultry to t' pen,
Theer, sithi, he's hugged her an' kissed her agen!*"

"*Thers nod enough romance i' this weary life,
It's far better cooartin' nor when yo'r a wife,
Remember, owd Tupper, when thee an' me met?
Tha fished hard fer me, an' tha cast a wide net...
Ay, happy days, when a mon's waarm an' bowd,
Too soon, when we'n wed yo' yo'r shiv'rin' an' cowd,
Just luk at thad luv scene—heaw tender an' sweet,
Bud ay, wod a pity, they'n just said goodneet.*"

Owd Tupper wer' flumoxed, an' in a tight spot,
An' under his neck-band he felt rayther hot,
His once knightly armour—long dented an' dull—
Fair quailed bifoore t' logic i' thad wifely skull;
John Tommy crept tiptoe, wi' cunnin' an' craft,
A few floore-boards creaked, bud he ne'er made a draft,
Owd Tupper wer' tongue-teed as Ruth Alice said—
"*We'n getten a felly i' John Tommy's bed!*"

TRICKS O' T' TRADE

Harry Craven (Stacksteads)

*"Tha tells mi, young tinker, tha'rt just leavin' t' school,
If that's oal tha's larnt lad, tha'rt nobbut a fool,
Wi' that sooart o' thinkin' tha'll soon bi in t' cart,
It's when tha starts werkin' thi larnin'll start;
To mek a fair livin' in th' hard world today
Thers theawsands who'll stop thi, or stan' i' thi way,
An' whether Dame Fortune deals di'monds or spade,
Tha'll ha' t' get busy an' larn t' tricks o' t' trade."*

*"Neaw t' question arises lad, what wilta be?
Th'art sturdy an' strong, independent an' free,
Thi forebears—tho lackin' material wealth—
Could stalk wi' oal t' skill of an owd tomcat's stealth;
To hunt—or bi hunted, i' dell or i' den,
They mostly suceeded—an' would do agen,
Today, in a modern moore civilised glade
It's still t' law o' t' jungle to larn t' tricks o' t' trade."*

*"Tho ne'er born to t' riches o' th' heigher degree,
Tha'rt little worse off, lad, fer owt Ah con see,
Tha might ha' bin papmered, an' sickly an' frail,
But then, havin' roughed it, tha'rt hard as a nail,
Tha might ha' bin awkerd, or haughty an' cowd,
But tha'rt gradely an' humble i' t' commoners' fowd,
An' so fer life's battle tha stans on parade
Wi' vic'try to him who con larn t' tricks o' t' trade."*

*"A lad wi' ambition con still mek his mark
Wi' lots o' good luck, an' a deal o' hard wark,
On life's lofty meawntain tha'll wax an' tha'll wane
Like monny a million who've struggled i' vain;
Aim heigh if tha'rt aimin'—tha'll find it'll pay,
Tha'll never reych t' summit wi' aimin' hofe way,
Strive on lad, keep climbin' an' don't bi dismayed,
But just keep on gooin' an' larn t' tricks o' t' trade."*

*"Thru good times an' bad times, liv' mod'rate an' plain,
An' ne'er let thi stomach dictate to thi brain,
Fer once tha's full-feasted i' luxury's cheere,
Tha'll feel twice as hungry when poverty's theer;
Bi thrifty, an' build up on what tha con spare,
An' never bi greedy for moore nor thi share,
An' owd goat con thrive pikin' t' scantiest blade
Bicose he wer 'prenticed to larn t' tricks o' t' trade."*

*"Wodever tha does lad, get this i' thi yed—
Tha'll ne'er mek much progress wi' lyin' i' bed,
Get up an' see t' sunrise—thers no grander seet—
Ner life's true perspective i' natcheral leet;
Bi grateful to Heaven, gie thanks, ne'er suppose
Thers no bigger devil ner t' devil tha knows!
In t' leet o' success lad, thers monny a shade,
An' that way, Ah dar say, tha'll larn t' tricks o' t' trade."*

Harry Craven's poems published by permission
of Mrs. Barbara Monks.

DUSTY BOB

Harry Harvey (Oldham)

Bob Bowker wur a dustmon,
Un a good chap ut his job,
His mates un aw his ney'burs;
This co'ed him: '*Dusty Bob!*'
T' find a mon more jannock,
It ud waste thi time t' seek,
He warked fur t' corporation;
Fur fifty-bob o' week.

Neaw Bob, he wur o' simple mon,
Folk co'ed him, '*raythur dim!*'
He hadno' had n' skoolin';
Th' three Rs ment nowt t' him.
Bur in his humble fashion,
He gradely did his part,
Content wi tippin' esh-bins
I' th' corporation cart.

But won day, when busy warkin',
A bow't came fro' th' blue,
He wur towd t' go t' th' office;
T' have un interview.
Su Bob went t' councul office,
Wheere a chap said "*Tekk a seat!*
Thart Mesthur Bowker, Ah presume?"
Un Bob said "*Yigh! that's reet*".

The th' chap lukked o'er a papp'ur,
Un said, "I*t has come t' light,*
Tha's never had n' skoolin',
Un conno' read ur write."
"*Thas spokken truth*", Bob answered,
"*Ah conno' read ur write a line,*
Bur Ah con d' bowt larnin';
T' do a job like mine."

"*Tut! tut!*" said th' official,
"*Ah'me afraid it winno' do,*
Wi' can't employ o' mon like thee;
Who's nevur bin t' skoo."

"*Wi'd bi' fain t' keep thi sarvices,*
Un yo' ha'n eawre regards,
But tha'll ha' t' seek another shop;
Here's thi wages—un thi cards."

Su Bob wur cast upon th' world,
Un wi a heavy heart,
He spent up aw his savin's
On a donkey un a cart.
An' t' mekk a honest livin',
He set up on his own,
Us a dealur in owd iron,
Un awso rag n' bone.

Wheere thurs muck, thurs money!
Un so it come t' pass,
Bob did well wi his bis'ness,
Un med a lot uv brass.
In fact, Ah'm pleas'te t' tell thi,
It wur quite o' large ameawnt,
So he tukk it deawn t' local bank,
T' oppen un acceawnt.

He honded in his bag o' notes,
Th' clerk totted-up th' score,
Un ceawnted eawt a theaws-un poun!
Maybi n' odd quid more,
Then he ga'n Bob o' bank-bukk,
Un towd him he mun sign—
His name, un awso his address,
Upon th' dotted line.

Poor Bob! he stood theer gawmlus,
Quite o'er come wi shame,
Fur he wur forced t' tell th' clerk,
He cudno' write his name.
O'corse th' clerk wur stagg'ured,
Un said, *"Th' like I've never seen,*
If you'd had a decent schooling;
Why! what would you have been?"

"Th answer to thi question",
Said Bob, *"is'noan hard t' seek.*
A corporation dus'mon—
Fur fifty-bob a week!"

OLD SARAH

Harry Harvey (Oldham)

Old Sarah wur a widow,
Hoo lived i' Walmsley Fowt,
Ah knew hur weel—bi'cos tha sees,
Ah wonce lived theer abeawt.
Heaw long hoo'd bin a widow,
Ah connut reetly tell,
Us far back us Ah con mekkeawt,
Hoo'd fended fur hursel'.

Hoo did a bit o' knockin'-up,
T' help t' mekk ends meet,
Un afore th' birds wur stirrin',
Hoo'd bi traipsin' reawn'ed hur beat.
Th' hommerin' uv her knockin'-pow,
Wur like a thunder-bowt,
No won wur evur late fur wark,
That lived reawn'ed Walmsley Fowt.

Tho' of'en noan su wick hursel',
If a ney'bur wern't t' grond,
Sarah 'ud tent 'till hoo wer weel,
Un gie' a helpin' hond.
Un tho' hoo hadno' mich t' spare,
When times in t' fow't wur bad,
Hoo gan folk thut wur scrattin' thro'
Th' last hawp'eny hoo had.

Tho' smo: thowd lass wur full o' bant,
'Twur of'en said in t' fowt—
"Bi hectum! bur Ah tell thi whot,
Owd Sarah's fear't o' nowt."
Monny o' toime when Clogger Ned,
Wur feyghtin' drunk i' th' heawse,
Ah've sin Owd Sarah sattle him—
Us quiet us a meawse.

Iv'ry Sund'y, gradely fettle't up,
I' best bonnet, shoon, un geawn,
Sarah, wi' hymn bu'kk i' hur hond,
Fur t' chapel ud bi beawn.
Hoo nevur missed a sarvice time,
Ah of'en seed hur pass.
Bowt clogs n' shawl, i' hur Sund'y best;
Hoo fav'ort won o' th' upper class.

Hoo's restin' neaw in t' chapel yard,
Hoo awlus wanted t' bi theer,
Close t' th' place hood tended
Fur well o'er fifty yeer.
No honsom stone points eawt hur grave,
It's nowt bur a name'lus plot.
Hoo lies 'mongst othurs uv hur soart;
Thut bi t' world is soon forgot.

Un su Ah thowt Ah'd spin this poem,
No' tho' a simple one—no dowt.
It's t' memory uv a grond owd lass,
Thut wonce lived i' Walmsley Fowt.

WEYVER'S TRIANGLE, BURNLEY

Jackie Hindle South (Burnley)

T' main mills are all shut, wit great gates locked n' barred,
No clatter o' clogs, nor lads and lasses in t' yard.
Looms are all quiet neaw, norra sound anywhere,
Shuttles are still; never again rattle there.

We med good stuff reyt cheap, we allus could do,
Mind there were only minutes for t' snap and there were scarecly a brew.

But that's ower i' Burnley, wi t' Weyvers' Triangle saved, so they say,
Canal wharf's done up, there's a museum and ya can buy pies n' tay,
Wi' trips on t' canal, on a barge painted up
N' folk singers skrikin' while tha all 'as a sup.\

It's a reyt grand day eaut, if tha likes smell o' weft,
Bi t' time they've done, there'll be no muck left.
They're warkin' reyt 'ard to mek it all bonny, fit for t' Queen,
But I'm moithered wi' thinkin' o' th' owd uns, slack trade, an' faces gone lean.

It weren't bonny then at twelve mebbe less,
Reyt little warkers, crookt backs, mangled 'ands, aye a reyt mess,
Coughin' consumption an' folks spittin' blood,
S' called industrial disease neaw, but it does them no good.

Young lasses went deaf, wi t' noise n' clatter all day,
Mee-mawing t' each other like actors in a Sunday school play,
Strikes were 'oss wark, they were feared o' t' lock eawt,
Wi' t' chilther 'aif clemmed, an' t' rent chap knockin' abeawt.
T' warkers met i' t' market place in 1852,
But t' masters stood together an' wunt gi' them their due.

But King Cotton, he's dee-in; aye, on 'is last legs,
Wi' t' bosses scrattin' abeawt wi' t' last few dregs.

So 'ave a ride on t' canal, an' a look at th' owd mills,
Soft ripplin' watter between all aw th' ills,
But think on abeawt folks as is deed an' into t' greawnd be,
As warked in them sheds, an' for King Cotton did dee.

NOBBUT A LASS

Nan Duckworth (Blackburn)

"Ello Jane Ann, eaw arta lass?"
"Fine Betty, eaw's thisel?"
"Ta tell thi thruth Ah've nod bi weel
Eawtside last week Ah fell,
Ah felt sa gormless lyin' theer
Till a chap gi' mi 'is 'and,
'E 'elped ta mi feet agean
An' med sure Ah cud stand."

"Neaw Betty, tha knaws vorry weel
Tha should use a walkin' stick,
Eaw often 'ev Ah towd thi
Tha thries ta bi too wick;
Ah'm tellin' thi tha'll find thisel
In t' th' 'ospital afooar long
Weer tha'll bi towd wod tha's to do,
Tha'll 'ev ta bite thi tongue."

"A walkin' stick? tha must bi mad,
Fer me nobbut a lass,
Tha'll tell mi next Ah'm dooatin'.
Eawt rooad, led mi pass;
Tha beawn to efta shut thi gob
Er uz two's beawn ta feight,
A walkin' stick Ah dorned need yet,
Fer Ah'm nobbut eighty eight."

T'Last Shift

Joe Wildman (Leigh)

Bickershaw Colliery shut its gates today
Pitmen formed ranks an' marched away
Wi banners flyin', brass bands blowin',
Unwanted men to oblivion goin'.

Tahms gon this teawn spun cotton thread,
Its folk walked tall, wi upheld yed;
King Coal kept flywheels spinnin' reawnd,
Clugs clattert wi yon joyful seawnd—
Clip, clop, clip, clop, in sleepy streets,
To wark at dawn—then whoam at neet,
Tall chimbleys blackent t' sky wi smook,
An neaw? Just stir thissel an look.

Fahn brick-built mills're weel nigh gon,
King Cotton's 'ad 'is day, owd mon;
Pit yeds're gon, rucks landscaped o'er,
Yon eyesores really are no more.
But wot o' t' chance fert addle brass
To keep t' wolf fro eawr door, owd lass?
Eawr lahf fro neaw depends on t' dole—
Wey'n bin sowd eawt fer foreign coal.

Eawr sons're t' last fert teyl below,
Spoort scars o' blue that winna go;
A badge o' courage, strength an' skill
O' warkin' men—wi iron will.
Eawr dowters trod that selfsame road,
Millowners sowd ther looms abroad,
Cheyp cotton goods cum fro Hong Kong,
Lanky shuttles only fly in song.

Leyth's on its knees, its day is done,
Aw's left is prahd;
Aw t' rest is gone;
Wey'd no control o'er eawr own fate,
Wey're t' poor relations—eawtside t' gate.
Eawr will to wark is firm an' sthrung,
Wey'n skill aplenty in this thrung;
Wey don't need politicians lies—
T' teawn needs another Thomas Highs.

ODE TO A DEEIN' PIT

Joe Wildman (Leigh)

Hey! Parsonage! Th'art doomed, thi days're numbert.

Fer monny a yer tha's blighted t' teawn,
Caused subsidence, pooed heawses deawn.
Tha's blackent t' sky wi cleawds o' smook;
Tha's blighted t' land wi teawrin' rook s.
But neaw thi days're numbert.

Writin' fust went up on t' waw,
Wen they drove yon tunnel t' Bickershaw;
Wen thi yedgear finished windin' coal
Fro t' bottom o' yon mile-deep 'ole.
That's wen thi days wer numbert.

Fer monny a yer tha's blighted lives,
Orphaned childer, widdowed wives;
Tha's maimed an' kilt an' dun thi best
Fert send men to an early rest.
But neaw thi days're numbert.

Tha turn it's cum fert th' pain
O' knowin' tha'll ne'er work again;
Redundant, useless, runnin' deawn,
A deein' pit in a run-deawn teawn.
At last! Thi days're numbert.

Wen t' yedgear's gon, thi chimbley's deawn,
Tha'll get no sympathy fro t' teawn;
They'll cap thi shaft an' grass thi o'er
An' thank the Lord as tha'rt no moor—
Til then thi days're numbert.

NOBBUT A COCKSTRIDE AWAY

Harvey Kershaw (Rochdale)

When Ah first geet wed,
Ah wer lucky, folks said,
For when t' buzzer for wark went each day,
Ah'd noan furr tu goo,
Cos Ah lived in t' mill broo,
It were nobbut a cockstride away.

If th' weyvin' were bad,
Sometimes Ah geet mad,
An' were fain tu goo whoam tu mi tay,
When t' bell browt release,
Ah feawnd quietness an' peace,
Were nobbut a cockstride away.

In life, too, yo'll find,
If so be yo've a mind,
Th' sky con be cheerless an' grey,
But keep ploddin' on,
An' yo'll find 'at th' owd sun,
Is nobbut a cockstride away.

When t' cold winter's dragged,
An' yo'r feelin' pow-fagged,
When yo'r pinin' for t' fleaw'rs o' May.
Just bethink yo' o' this,
Sweet summer's first kiss,
Is nobbut a cockstride away.

When yo'r thrutched i' yo' mind,
Fed up wi' life's grind,
There's a tonic for which yo' don't pay.
God's fresh air is soon feawnd,
On yon moorlands areawnd,
An' they're nobbut a cockstride away.

When shackled wi' care,
Don't mope i' despair,
No matter what sceptics mote say.
Lift yo'r heart fro' yo'r shoon,
Trust th' good Lord aboon,
For He's nobbut a cockstride away.

Published by permission of Mrs. Edwina Salmon.

A BONNY SEET

Harvey Kershaw (Rochdale)

Th' bonniest seet'at can warm a mon's heart,
For which, tu my mind, there's no ceawnter-part,
Is tu watch, when it's bedtime an' th' dayleet has fled,
A little childt kneel at th' foot of its bed.
A bundle o' mischief when eawt at his play,
He favvors an angel as he kneels tu pray;
In case yo' mote think 'at he looks a bit strange,
He's just had a weysh an' looks clen for a change.
Wi' honds held together, an' both e'en shut tight,
Soft curly yed bent agen t' bed clooas so white:
His little lips move as he lays his thowts bare,
A little childt speykin' to God in a prayer.
So touchin' an' simple, it tugs at yo'r heart,
As yo' stand theer watchin', yo'r een seem tu smart:
Yo' find a lump risin' at th' back o' yo'r throat,
As he prattles away, in his sweet childt-ish note.
"*Bless mummy an' daddy, an' little Joe, too,*
An' mak' him a good lad when he goes tu skoo,
Bless gronny an' grondad, an' tell 'em for me,
Ah'll try tu be good, like they've axed mi tu be.
Bless them 'at has measles, like cousin Henrietta,
An' when folk are poorly, help 'em tu get better,
Bless Uncle an' Aunty, an' owd Mrs. Teake,
Dunnot let 'em forget it's mi birthday next week.
Bless Tabby the kitlin, wi' fur 'at's like silk,
Mak' sure 'at it gets a big saucer o' milk,
Bless Rover, the dog, 'at lives deawn in t' Thrutch,
Find him a big bone then he winnot bark as much."
Here, he stops, short o' wynt an' oppen his een,
Then shuts 'em agen, an' goos on serene:
"*Bless aw little playmates, wheer-ever they be,*
But when owt gets brokken dunnot blame it on me.
Bless Mrs. Jones's babby, 'at does nowt but sup,
An' when it starts skrikin', please mak' it shut up:
Bless aw dicky-birds 'at perch up on a tree,
An' afore Ah forget, please don't forget me."
Wi' th' last 'Amen' spokken, he jumps into bed,
Wheer soon he's hilled-up fro' his feet to his yed.
He smiles as yo' give him last 'Good neet' kiss,
Is there owt 'at's more bonny or winsome nor this?

Ut Schoo' Afooar T' Fost Waar

Ronnie Digby (Accrington)

Ring-worms, slimy jacket sleeves an' spots
An' yed-lice an' scabs as like as not,
An' clooas ut stunk an' favvered rags
Wi' wrostlin' an' feightin' o' t' dusty flags.

Inside t' schoo' ther' wur ne'er no noise
Or schoo'-maister ud soon bi caning t' boys,
Bud ony on us ut t' others thowt mard
Wur punced an' oined eawt i' t' schoo'-yard.

When marble-time coom reawnd i' Spring
Wi laiked at 'poddle-oile' an' 'ring';
Wi used glass-allys, wi co'd 'em 'pops'
Eawt o' mineral-watter bockle tops.

Ah geet mi 'spence' on a Fridi neet
Id wur nobbut tuppence bud it seemed oreet,
Ah could ged a pennorth' o' peys an' chips
Or a hawpoth o' everlastin' strips.

Or a penny-bockle if t' day wur hot
An' Ah ne'er missed wod Ah ne'er got.
Fer a fuutbo' wi med a bo' wi rags
An' t' goils wur jackets put deawn o' t' flags.

Bud Ah luk back o' th' owd schoo' wi' pride,
Wi did t' Three Rs, but mooar beside.
Wod Ah larnt theer ut wark an' play
Has geet mi through mi life's long way.

Owd Pendle

Ronnie Rigby (Accrington)

Ah've ollus luv'd owd Pendle Hill.
Ah someheaw think Ah ollus will;
Durn't co' mi daft iv neaw Ah tell
Heaw Pendle casts o' me a spell.

Id must ha' bin a flaysome seet
When Pendle's beacon blazed i' t' neet,
An' t' wizard Demdike, mocking, stood,
While deawn its side ther poured thick mud.

Ah'm glad i' t' countryside areawnd
Ther's no mooar wizards to bi feawnd,
Nor witches—bud ther's magic still
Up o' yon wild an' looanly hill.

Ther's magic i' th' owd curlew's cry,
I' t' moanin' wind an' th' angry sky,
An' i' t' breet dew-drops—glistnin' pearls—
As t' mornin' mist i' t' sun unfurls.

Fro' t' Coppice, t' other side o' t' dale,
Ah'm awlus fain yon hill to hail,
Id welly seeams to toak to me,
Ah'll luv yon hill till t' day Ah dee.

Published by permission of Keith Digby

The Expert

Allan Arrowsmith (Denton)

Ah were workin' in t' gardin wi' mi spade,
Thinkin' what a gradely job Ah'd made,
When Jack, a neighbour, coom along,
An' started tellin' me what were wrong.

"*Tha shouldn't ha' put thi gladis theer,
An' shift that rhuberb, it's too near
To t' fence, it winno' get no leet.
Now what's the matter wi' them beet?
Tha wants t' get some gradely muck,
They winno' grow on nowt but luck;
Them carrots theer want thinnin' out,
An' dost call that a Brussel Sprout?
Get some canes up them sweet peas,
Move thi dahlias away from t' trees…*"

—'E left me feelin' raythег low,
Another seed Ah couldno' sow;
—But later on i' that same week,
Ah passed 'is 'ouse, an' 'ad a peek,
O'er 'is front gardin gate,
Tha's ne'er seen owt i' such a state!
Wi' buttercups, bindweed, docs an' clover,
Couch grass an' willow 'erb growin' all over;
—An' Jack were sit theer near t' front door,
Readin' 'Gardeners' Hints' by Percy Thrower.

A 'Gradely' Mon

Thomas Welsby (Warrington)

I like a chap 'uts 'gradely', a mon whose word's his bond,
A mon as will, where trouble comes, hold out a helpin' hond;
A mon whose heart is i' th' reet place, an' does whate'er he con,
To help a lame dog o'er a stile: aye, that's a 'gradely' mon.

There's many a man who quietly digs in his garden plot,
To pay his way he does his best, for wealth cares not a jot,
And tries to live from day to day, and end his mortal span,
That men may write his epitaph, '*He was a gradely man*'.

But some there are, who think the world is their own close preserve,
And those who fail—whate'er the cause, get just what they deserve.
It makes you smile, for accidents p'rhaps put them where they are,
And some fine day the wheel may turn, their steed be 'shank's mare'.

The first thought of a 'gradely' man's to do the thing that's straight,
That he may thereby loss sustain, has not a feather's weight,
The world may laugh, '*the man's a fool*', his course he'll still pursue,
The man who does the 'gradely' thing needs never fear he'll rue.

Cheer up, owd mon, the only road for chaps like thee an' me
Is t' awlus act straightforrut, eawr honds fro' mud keep free;
The mon as does owt else 'ull find, as certain as he's wick,
That th' chap wi' horns has getten him, '*Th' Owd Lad*' has ta'en th' odd trick

Published by permission of Fred T. Cooper

TH' COALER

Walter Emsley (Manchester)

When winter coomes reaund, an' ther's frost, fog, an' snow,
When yo' shiver an' shake, an' th' East winds keenly blow,
When yo've bin reaund wi' papper, an' stuff'd every crack,
While a blaze brightly burns, hauve o' th' way up th' fireback,
When yo're whoam fra yo're wark, an' yo're toastin' yo're toes,
Wi' yo're feet upo' th' fender, an' th' fire fairly glows,
Just yo' get eawt yo're bacca, an' ponder a bit,
On th' felly as fotches yo're coal eawt o' th' pit.

Aye! just think o' him gooin' eawt day after day,
Wi' his grub in his shirt, an' a can o' cowd tay;
Heaw he's dropt deawn i' th' cage—like a bait on a line
To tempt Providence wi'—among th' dangers o' th' mine.
Heaw he trudges alung, till he gets to his place,
An' its not a great while till he's moppin' his face
As he lies on his back, while his form's dimly lit,
Wi' his Davy lamp—think on him deawn theer i' th' pit!

Aye! Ah ax yo' to think on him, grovellin' i' th' gloom
While he's hewin'—unthinkin'ly p'raps—his own tomb!
Think o' th' floods, faa's, an' fearsome choke-damp as may coome,
Give a thowt to his wife's weary waitin' awhoam!
Don't yo' think 'at whatever he's paid, he earns weel,
Wi' his muscles o' iron an' nerves med' o' steel?
An' when rescue wark's waitin'—That's th' time he shows grit,
He's a Hero then! Him as gets coal eawt o' th' pit!

RECESSION

Nellie Crutchlow (Horwich)

"Ar't cummin' for a drink, Tom?"
Tom just shook 'is 'ead.
"Ah'm gooin' an errand for t' missus,
'Appen tomorrer", 'e said.
Truth was 'e couldn't afford it,
But 'adn't th' 'eart to say.
"We've geet no brass at eawr 'eawse,
An' we're strugglin' t' pay eawr way."
Redundances were takin' toll
An' 'e'd bin caught wi' th' axe.
True 'e'd a lump sum t' play wi'
An' a fair rebate fro' t' tax.
But that won't last forever,
Bills keep commin' through t' door.
Inflation's o'er t'en us,
A peawnd's not a peawnd anymore.
'E thowt o' t' brass 'e'd made i' t' past
Wi' th' overtime an' t' wickends,
Takin' it aw for granted
Not carin' what tha spends.
Neaw 'e'd lots o' time to spare
Wi' nobbut five pence to 'is name.
Signin' on of a Tuesday
An' mony more doin' t' same.
Lookin' wi envy at them wi brass
Animosity brewin'
Trudgin' miles seechin' wark,
To be towd *"Nothin' doin'."*
Dis'eartened, an' despondent
At losin' 'is job, gerrin' secked
But what upsets 'im most of aw
Is losin' 'is self respect.

DOWN BI T' CUT

Hayes Turner (Fulwood)

Sunday Summers morning's grand.
It's down t' cut in Grandad's hand.
Wi Tinker t' dog—best man in t' land,
And watch t' world pass dreamin'.

Along the path, beneath the arch,
It's twenty miles we have t' march,
To rescue t' prisoners trapped in t' dark.
By gum it'll tek some schemin'.

"Na then Tom, I see Rovers won,
Why is that Benjie's youngest son?
Soon have him in t' three foot run,
Nobbut a flash since weanin'."

I'd never seen a bigger whale
That wriggled in that blood-stained pail.
It fair did scrap—but no avail,
Yon gut'll tek some cleanin'.

"Come out, Tinker! Come to heel!
Let that tiger have his meal.
We've better game to track and steal
Through this snake-infected clearin'."

"Look, then, Grandad, at that boat,
It must be t' biggest one afloat.
Watch it limpin' into port,
Through them cannon screamin'."

"There's a tribe of Indians round that bend,
Let's creep past and then pretend
We don't see them till the end,
Then scatter 'em, spears a-gleamin'."

Wounded in that last attack,
Means a ride on Grandad's back,
To circle round to Grandma's shack,
Where puddings will be steamin'.